D1748702

Xavier de Maistre · Reise um mein Zimmer

Xavier de Maistre

# *Reise um mein Zimmer*

Aus dem Französischen
neu übersetzt
von
Caroline Vollmann

Mit einem Vorwort
von
Alain de Botton

und Bildern
von
Andy Wildi

*Gerd Haffmans
bei Zweitausendeins*

*Voyage autour de ma chambre*
erschien zuerst 1794;
*Expédition nocturne autour de ma chambre*
wurde 1799 geschrieben und erschien 1825.
Die Anmerkungen im Buch stammen vom Autor selbst; die im Anhang
wie auch das abschließende Biogramm von der Übersetzerin.

1. Auflage, Dezember 2005.

Copyright © 2005 Zweitausendeins,
Postfach, D-60381 Frankfurt am Main.

Vorwort © 2005 Alain de Botton.
Zuerst als Foreword in "A Journey around my Room" & "A Nocturnal
Expedition around my Room", London: Hesperns Classics, 2004.
Deutsche Übersetzung © 2005 Zweitausendeins.

Alle Rechte vorbehalten, insbesondere das Recht der mechanischen,
elektronischen oder fotografischen Vervielfältigung, der Einspeicherung und
Verarbeitung in elektronischen Systemen, des Nachdrucks
in Zeitschriften oder Zeitungen, des öffentlichen Vortrags, der Verfilmung oder
Dramatisierung, der Übertragung durch Rundfunk, Fernsehen oder Video,
auch einzelner Text- und Bildteile.

Der gewerbliche Weiterverkauf oder gewerbliche Verleih von Büchern, CDs,
CD-ROMs, DVDs, Videos oder anderen Sachen
aus der Zweitausendeins-Produktion bedürfen in jedem Fall
der schriftlichen Genehmigung durch die Geschäftsleitung vom
Zweitausendeins Versand in Frankfurt am Main.

Lektorat und Übersetzung des Vorworts von Bobby Kastenhuber.
Umschlagbild und Illustrationen von Andy Wildi,
Edition Tiramisù, CH-6986 Novaggio.
Gestaltung, Satz & Produktion von Urs Jakob,
Werkstatt im Grünen Winkel, CH-8400 Winterthur.
Herstellung: Offizin Andersen Nexö in Leipzig
Printed in Germany.

Dieses Buch gibt es nur bei Zweitausendeins im Versand,
Postfach, D-60381 Frankfurt am Main. Telefon 069-420 8000,
Fax 069-415 003. Internet: www.Zweitausendeins.de.
E-Mail: info@Zweitausendeins.de.
Oder in den Zweitausendeins-Läden in Berlin, Düsseldorf,
Frankfurt am Main, Freiburg, 2 x in Hamburg, in Hannover, Köln,
Mannheim, München, Nürnberg und Stuttgart.

In der Schweiz über buch 2000, Postfach 89, CH-8910 Affoltern a. A.

ISBN 3-86150-562-2

# Inhalt

Vorwort

7

*Reise um mein Zimmer*

15

*Nächtliche Expedition um mein Zimmer*

123

Anmerkungen

219

Biogramm

223

# ALAIN DE BOTTON

### *Vorwort*

Im Frühling des Jahres 1790 unternahm ein siebenundzwanzigjähriger Franzose, XAVIER DE MAISTRE, eine Reise um sein Schlafzimmer. Seinen Bericht überschrieb er später mit *Reise um mein Zimmer*. Hochzufrieden mit den Erfahrungen seiner ersten Reise, unternahm de Maistre 1798 eine zweite. Nun reiste er bei Nacht und wagte sich bis zur Fensterluke. Diese Aufzeichnungen erhielten später den Titel *Nächtliche Expedition um mein Zimmer*.

Xavier de Maistre wurde 1763 in dem malerischen Ort Chambéry, am Fuß der Französischen Alpen, geboren. Er war von einem empfindsamen, romantischen Wesen, er las gerne, vor allem Montaigne, Pascal und Rousseau, und schätzte die holländische und französische Genremalerei. Im Alter von dreiundzwanzig Jahren begeisterte er sich für die Luftfahrt. Etienne Montgolfier hatte drei Jahre zuvor internationales Aufsehen mit seinem Ballon erregt, der acht Minuten lang über dem Schloß von Versailles flog

flog und dessen Passagiere ein Schaf namens Montauciel (»Steig-zum-Himmel«), eine Ente und ein Hahn waren. De Maistre und ein Freund bauten ein Paar riesige Flügel aus Papier und Draht und planten, nach Amerika zu fliegen. Ihnen war kein Erfolg beschieden. Zywei Jahre später sicherte sich de Maistre einen Platz in einem Heißluftballon und schwebte einige Minuten über Chambéry, bevor das Fluggerät in einen Kiefernwald krachte.

Dann, 1790, als er in einem bescheidenen Zimmer im Dachgeschoß eines Hauses in Turin lebte, entwickelte de Maistre eine Art und Weise des Reisens, die ihn berühmt machen sollte: die Zimmer-Reise.

Im Vorwort zur *Reise um mein Zimmer* betont Xaviers Bruder, der Politiker und Philosoph Joseph de Maistre, daß es nicht Xaviers Absicht war, sich abfällig über die heldenhaften Taten von Magellan, Drake, Anson und Cook, den berühmten Reisenden der Vergangenheit, zu äußern. Magellan hatte die Westroute um die Südspitze Südamerikas herum zu den Gewürzinseln entdeckt, Drake den Erdball umsegelt, Anson genaue Seekarten der Philippinen angefertigt und Cook die Existenz eines südlichen Kontinents bestätigt. »Das waren zweifellos bemerkenswerte Männer«, schrieb Joseph; es war nur

nur so, daß sein Bruder eine Art des Reisens entdeckt hatte, die unendlich viel praktischer war für alle, die nicht so tapfer oder wohlhabend waren wie jene Männer.

»Tausend und abertausend Menschen, die vor mir nicht zu reisen wagten, andere, die es nicht konnten, andere schließlich, die nicht daran dachten, es zu tun, werden sich entschließen, meinem Beispiel zu folgen«, erklärte Xavier, als er sich auf seine Reise vorbereitete. »Selbst der schwerfälligste Mensch wird nicht zögern, sich mit mir auf den Weg zu machen, um sich ein Vergnügen zu verschaffen, das ihn weder Mühe noch Geld kostet.« Er empfahl die Zimmer-Reise insbesondere armen Leuten und solchen, die Angst hatten vor Stürmen, Überfällen und hohen Felsen.

De Maistre schließt seine Tür und legt sein Reisegewand an. Ohne Gepäck reist er zum Sessel. Von dort aus betrachtet er sein Bett und entdeckt aufs neue einige seiner Vorzüge. »Es hat den günstigsten Platz: Die ersten Strahlen der Sonne spielen in meinen Vorhängen... Ich gestehe, daß ich es liebe, diese süßen Augenblicke auszukosten, und daß ich das Vergnügen, das ich beim Nachdenken in der wohligen Wärme meines Bettes empfinde, jedesmal so lange wie möglich ausdehne. – Gibt es eine Bühne, die der Phantasie

Phantasie mehr bietet, die zärtlichere Gedanken weckt als dieses Möbel, in dem ich mich manchmal vergesse? – Ehrbarer Leser, entsetze dich nicht – aber könnte ich nicht fast von dem Glück eines Liebenden sprechen, der zum ersten Mal eine tugendhafte Gattin in seinen Armen hält? – ein unaussprechliches Vergnügen, das ich, von einem bösen Schicksal verfolgt, nie genießen werde! Ist es nicht auch in einem Bett, wo eine Mutter, trunken vor Freude bei der Geburt eines Sohnes, ihre Schmerzen vergißt? Dort erregen uns die unwahrscheinlichsten Glücksgefühle, Früchte der Phantasie und der Hoffnung. – Schließlich vergessen wir in diesem wundervollen Möbel während der einen Hälfte unseres Lebens den Kummer der anderen Hälfte.

Ein Bett sieht, wie wir geboren werden und wie wir sterben; es ist die Bühne, auf der das Menschengeschlecht abwechselnd interessante Dramen, lächerliche Possen und entsetzliche Tragödien aufführt. – Es ist eine mit Blumen geschmückte Wiege; – es ist der Thron der Liebe; – es ist ein Grab.«

De Maistre ist dankbar für die Nächte, die er dort verbracht hat, und stolz auf die passende Farbgebung seines Bettes. Er empfiehlt »... jedem Menschen, der die Möglichkeit dazu hat, sein Bett in den Farben Rosa und Weiß zu halten«, denn das

das sind die Farben, die dem erschöpften Schläfer ruhige und angenehme Träumereien bescheren.

De Maistres Werk entspringt einer tiefgründigen, reizvollen Erkenntnis: der, daß das Vergnügen, das uns das Reisen macht, möglicherweise mehr von der Geisteshaltung abhängt, mit der wir reisen, als von dem Reiseziel selbst. Denn wenn wir mit dieser Geisteshaltung auch unseren heimatlichen Schauplätzen begegneten, würden wir bemerken, daß diese Orte nicht weniger interessant sind als hohe Gebirgspässe und die Urwälder Südamerikas.

Doch wodurch zeichnet sich diese Geisteshaltung aus? Man könnte die Empfänglichkeit für ihr wichtigstes Charakteristikum halten. Wir nähern uns neuen Orten mit Demut. Wir haben keine starren Vorstellungen davon, was interessant ist. Wir irritieren Einheimische, weil wir auf Verkehrsinseln stehen oder in engen Straßen und Dinge bewundern, die für sie nur merkwürdige, unbedeutende Details sind. Wir riskieren es, überfahren zu werden, weil uns das Dach eines Regierungsgebäudes fasziniert oder die Inschrift einer Mauer. Wir finden einen Supermarkt oder einen Friseur ganz außergewöhnlich. Wir verweilen ausgiebig bei der Betrachtung einer Speisekarte oder beschäftigen uns mit der Kleidung der Sprecher der Abendnachrichten. Wir sind uns

uns nicht nur der Gegenwart, sondern auch der Geschichte bewusst und machen Notizen und Fotos.

Zu Hause jedoch sind unsere Erwartungen deutlich geringer. Wir sind überzeugt, alles Interessante über unsere Nachbarschaft herausgefunden zu haben, in erster Linie deswegen, weil wir hier schon so lange leben. Es scheint uns unvorstellbar, irgend etwas Neues an einem Ort entdecken zu können, an dem wir schon seit zehn Jahren oder noch länger leben. Wir haben uns an alles gewöhnt und sind deshalb blind geworden.

De Maistre versucht, uns aus unserer Trägheit zu reißen. In seinem zweiten Band, *Nächtliche Expedition um mein Zimmer*, geht er zu seinem Fenster und schaut hinauf in den Nachthimmel. Seine Schönheit frustriert ihn, da solch alltäglichen Schauspiele von kaum jemandem bemerkt werden: »Wie wenige Personen, sagte ich mir, genießen in diesem Moment mit mir diesen erhabenen Anblick, den der Himmel für die schlummernden Menschen umsonst aufspannt! ... Für die Schlafenden mag es hingehen; aber was würde es diejenigen, die herumspazieren oder in Scharen aus dem Theater kommen, kosten, wenn sie die funkelnden Gestirne, die überall über ihrem Kopf leuchten, einen Moment lang betrachten und bewundern würden?«

Der

Der Grund, warum die Leute nicht nach oben sehen, ist, daß sie es noch nie getan haben. Sie haben es sich angewöhnt, ihr Universum langweilig zu finden – und es hat sich entsprechend ihren Erwartungen angepaßt. Wir treffen Leute, die Wüsten durchquert haben, auf Eisschollen trieben und sich ihren Weg durch den Urwald bahnten – doch in ihren Seelen würden wir vergeblich nach einem Beweis dessen suchen, was sie erlebten. In seinen Morgenrock gehüllt, zufrieden mit den Grenzen seines Schlafzimmers, fordert uns Xavier de Maistre sanft auf, erst einmal das wirklich wahrzunehmen, was wir längst gesehen haben, bevor wir uns in weitentfernte Hemisphären aufmachen.

Xavier de Maistre

# REISE UM MEIN ZIMMER

## KAPITEL I

Wie ruhmvoll ist es, eine neue Karriere zu beginnen und plötzlich in der Gelehrtenwelt zu erscheinen, in der Hand ein Buch voller Entdeckungen, strahlend wie ein unerwarteter Komet im Weltenraum!

Nein, ich werde mein Buch nicht *in petto* halten; hier ist es, meine Herren, lesen Sie. Ich habe eine zweiundvierzigtägige Rundreise in meinem Zimmer unternommen und vollbracht. Die interessanten Beobachtungen, die ich machte, und das ständige Vergnügen, das ich auf dem Weg empfand, weckten den Wunsch in mir, es zu veröffentlichen; die Gewißheit, damit zu dienen, hat mich dazu bestimmt. Mein Herz empfindet eine unaussprechliche Befriedigung, wenn ich an die zahllosen Unglücklichen denke, denen ich ein sicheres Hilfsmittel gegen die Langeweile und eine Linderung der Leiden, die sie erdulden, anbiete. Das Vergnügen, das man beim Reisen in seinem Zimmer hat, ist sicher vor dem ruhelosen Neid der Menschen; es ist unabhängig vom Vermögen.

Gibt es ein menschliches Wesen, das so arm und unbehaust ist, daß es keinen Winkel hat, in den es sich zurückziehen, in dem es sich vor der Welt verbergen

bergen kann? Dies ist die einzige Voraussetzung für die Reise.

Ich bin sicher, daß jeder vernünftige Mensch, gleich, welchen Charakters und welchen Temperaments, sich mein Vorgehen zu eigen machen wird; jeder – er sei geizig oder verschwenderisch, reich oder arm, jung oder alt, in der heißen Zone oder nahe dem Pol geboren – kann reisen wie ich. Schließlich wird es unter der riesengroßen Familie der Menschen, die auf der Erdoberfläche herumwimmelt, nicht einen geben – nein, nicht einen (wohlgemerkt von denen, die Zimmer bewohnen) –, der, nachdem er dieses Buch gelesen hat, der neuen Art zu reisen, die ich in der Welt einführe, seine Zustimmung verweigern könnte.

## KAPITEL II

Ich könnte das Loblied auf meine Reise damit beginnen, daß ich sagte, sie habe mich nichts gekostet; dieser Punkt verdient Erwähnung. Aus diesem Grund rühmen und preisen sie vor allem die Leute mit einem geringen Einkommen; aber es gibt eine andere Klasse von Menschen, bei der sie, aus ebendem Grund, weil sie nichts kostet, eines glücklichen Erfolgs noch sicherer sein kann.

kann. – Bei wem denn? Nun, das fragen Sie noch? Bei reichen Leuten natürlich! Und was für eine Hilfe bedeutet diese Art zu reisen nicht für die Kranken! Sie brauchen nie mehr die Launen des Wetters und der Jahreszeit zu fürchten. – Angsthasen sind vor Dieben sicher; sie stürzen weder in Abgründe noch in Schlammlöcher. Tausend und abertausend Menschen, die vor mir nicht zu reisen wagten, andere, die es nicht konnten, andere schließlich, die nicht daran dachten, es zu tun, werden sich entschließen, meinem Beispiel zu folgen. Selbst der schwerfälligste Mensch wird nicht zögern, sich mit mir auf den Weg zu machen, um sich ein Vergnügen zu verschaffen, das ihn weder Mühe noch Geld kostet.

Laßt uns also mutig aufbrechen. – Folgt mir, ihr alle, die eine gekränkte Liebe, eine vernachlässigte Freundschaft in eurer Wohnung zurückhält, fern von der Kleinlichkeit und der Falschheit der Menschen. Alle Unglücklichen, Kranken und Gelangweilten des Universums mögen mir folgen! – Alle Faulen mögen sich in *Massen* erheben! – Und ihr, die ihr in euren Köpfen irgendeiner Treulosigkeit wegen finstere Pläne der Einschränkung oder des Rückzug wälzt; ihr, die ihr in einem Schmollwinkel für alle Zeiten der Welt entsagt; liebenswerte Anachoreten eines Abends, auch ihr, kommt mit; laßt ab von diesen düsteren Gedanken,

ken, glaubt mir: ihr büßt einen Moment des Vergnügens ein, ohne einen für die Weisheit zu gewinnen; geruht, mich auf meiner Reise zu begleiten; wir werden in kleinen Tagereisen voranschreiten und unterwegs über die Reisenden lachen, die Rom und Paris gesehen haben; – kein Hindernis kann uns aufhalten; wir überlassen uns wohlgemut unserer Phantasie und folgen ihr überall hin, wohin sie uns zu führen beliebt.

## KAPITEL III

Es gibt so viele neugierige Menschen auf der Welt!

Ich bin davon überzeugt, daß man gerne wissen möchte, warum die Reise um mein Zimmer zweiundvierzig Tage gedauert hat und nicht dreiundvierzig oder irgendeinen anderen Zeitraum; aber wie soll ich das dem Leser erklären, wo ich es selbst nicht weiß? Alles, was ich ihm, falls das Werk seiner Meinung nach zu lang ist, versichern kann, ist, daß es nicht von mir abhing, es kürzer zu machen: ungeachtet aller Eitelkeit des Reisenden, hätte ich mich mit einem Kapitel zufriedengegeben. Ich lebte zwar mit allem erdenklichen Vergnügen und Behagen in meinem Zimmer; aber

aber leider Gottes stand es nicht in meiner Macht, dieses nach Belieben zu verlassen; ich glaube sogar, daß ich ohne die Vermittlung gewisser mächtiger Personen, die sich für mich einsetzten und denen ich ewig zu Dank verpflichtet bin, genug Zeit gehabt hätte, ein *in-folio* herauszubringen, so gut meinten es die Beschützer, die mich in meinem Zimmer reisen ließen, mit mir.

Und dennoch, verständiger Leser, erkenne, wie unrecht diese Menschen hatten, und begreife, wenn du es kannst, die Logik, die ich dir darlegen werde.

Gibt es etwas Natürlicheres und Gerechteres, als sich mit jemandem zu duellieren, der dir aus Gedankenlosigkeit auf die Zehen tritt oder der in einem unbedachten Augenblick, den deine Unvorsichtigkeit heraufbeschworen hat, irgendeine anzügliche Bemerkung macht, oder der vielleicht auch nur das Unglück hat, deiner Mätresse zu gefallen?

Man geht auf einen Kampfplatz, und dort versucht man, wie Nicole es mit dem Bourgeois Gentilhomme machte, eine Quart zu stoßen, während der Gegner in der Terz pariert; und damit die Rache sicher und vollständig ist, tritt man ihm mit entblößter Brust gegenüber und riskiert dabei, sich von seinem Feind töten zu lassen, um sich an ihm zu rächen. – Man sieht, daß nichts

nichts folgerichtiger ist, und doch findet man immer wieder Menschen, die diesen lobenswerten Brauch mißbilligen! Aber es ist ebenso folgerichtig, daß dieselben Personen, die ihn mißbilligen und die wollen, daß man ihn als einen schweren Fehler betrachtet, denjenigen, der sich weigern würde, ihn zu begehen, für noch schlechter halten würden. Mehr als ein Unglücklicher hat seinen Ruf und seine Stellung verloren, weil er sich ihrer Ansicht beugte; so daß man, wenn man das Unglück hat, *eine Affäre* zu haben, wie es gemeinhin genannt wird, gut daran täte, zu losen, um zu erfahren, ob man sich an die Gesetze oder an das Herkommen halten soll, und da sich die Gesetze und das Herkommen widersprechen, könnten die Richter auch gleich ihr Urteil auswürfeln. – Und wahrscheinlich muß man sich zur Erklärung, warum und wieso meine Reise gerade zweiundvierzig Tage gedauert hat, eines ähnlichen Mittels bedienen.

KAP. IV

## KAPITEL IV

Mein Zimmer liegt, nach den Messungen des Paters Beccaria, auf dem 45. Breitengrad; es ist von Ost nach West ausgerichtet und bildet ein Rechteck mit einem Umfang von sechsunddreißig Schritt, wenn man ganz dicht an der Wand entlangstreift. Meine Reise wird jedoch mehr Schritte aufweisen; denn ich werde es oftmals der Länge und der Breite nach oder auch in der Diagonale durchqueren, ohne einer bestimmten Richtschnur oder Methode zu folgen. – Ich werde sogar im Zickzack gehen und alle in der Geometrie möglichen Linien abschreiten, wenn die Notwendigkeit es erforderlich macht. Leute, die so sehr Herr über ihre Schritte und ihre Ideen sind, daß sie sagen: *»Heute werde ich drei Besuche machen, vier Briefe schreiben und dieses begonnene Werk vollenden«*, mag ich nicht.

Meine Seele ist so offen für alle Arten von Gedanken, Neigungen und Gefühlen; sie nimmt alles, was sich bietet, begierig auf!... – Und warum sollte sie die Genüsse von sich weisen, die ohnehin dünn gesät sind auf dem schwierigen Weg des Lebens? Sie sind so selten, so spärlich, daß man ein Narr sein müßte, wenn man nicht haltmachte,

haltmachte, ja selbst einen Umweg einschlüge, um alle, die in unserer Reichweite sind, zu pflücken. Nichts ist, meiner Meinung nach, so verlockend, wie der Spur seiner Ideen zu folgen, ähnlich dem Jäger, der das Wild verfolgt, ohne vorher zu wissen, wohin ihn die Fährte führt. Wenn ich in meinem Zimmer reise, verfolge ich auch selten eine gerade Linie: Ich gehe von meinem Tisch zu einem Gemälde, das in einer Ecke hängt; von dort schlage ich eine schräge Richtung ein, um zur Tür zu gelangen; aber obwohl ich beim Aufbruch beabsichtigte, mich dorthin zu begeben, mache ich nicht viel Umstände, wenn ich auf dem Weg meinem Sessel begegne, und lasse mich gleich darin nieder. – Ein Sessel ist ein ausgezeichnetes Möbel; vor allem für nachdenkliche Menschen ist er von höchstem Nutzen. An den langen Winterabenden ist es manchmal angenehm und immer klug, sich, fern vom Spektakel der zahllosen Gesellschaften, gemütlich darin auszustrecken. – Ein gutes Feuer, Bücher, Federkiele; was für Hilfsmittel gegen die Langeweile! Und was für ein Vergnügen erst, die Bücher und die Federn zu vergessen, um in seinem Feuer herumzustochern und sich irgendeiner angenehmen Betrachtung hinzugeben oder einige Reime zur Erheiterung seiner Freunde zu machen! Dann gleiten die Stunden über dich hin und fallen schweigend

in

in die Ewigkeit zurück, ohne dich ihr trauriges Verstreichen fühlen zu lassen.

## KAPITEL V

Wenn man in Richtung Norden geht, entdeckt man hinter dem Sessel mein Bett, das ganz hinten in meinem Zimmer steht und das die allerangenehmste Aussicht bietet. Es hat den günstigsten Platz: Die ersten Strahlen der Sonne spielen in meinen Vorhängen. – An schönen Sommertagen sehe ich, wie sie sich mit der aufgehenden Sonne an der weißen Wand entlangbewegen: Die Ulmen vor meinem Fenster teilen sie auf tausendfältige Weise und lassen sie auf meinem Bett tanzen, dessen rosa und weiße Tücher durch den Widerschein ringsherum ein reizendes Licht verbreiten. – Ich höre das aufgeregte Gezwitscher der Schwalben, die das Hausdach besetzt halten, und das der anderen Vögel, die in den Ulmen hausen: dann beschäftigen tausend heitere Gedanken meinen Geist; niemand auf der ganzen Welt hat ein so angenehmes und friedliches Erwachen wie ich.

Ich gestehe, daß ich es liebe, diese süßen Augenblicke auszukosten, und daß ich das Vergnügen, das ich beim Nachdenken in der wohligen Wärme
meines

meines Bettes empfinde, jedesmal so lange wie möglich ausdehne. – Gibt es eine Bühne, die der Phantasie mehr bietet, die zärtlichere Gedanken weckt als dieses Möbel, in dem ich mich manchmal vergesse? – Ehrbarer Leser, entsetze dich nicht – aber könnte ich nicht fast von dem Glück eines Liebenden sprechen, der zum ersten Mal eine tugendhafte Gattin in seinen Armen hält? – ein unaussprechliches Vergnügen, das ich, von einem bösen Schicksal verfolgt, nie genießen werde! Ist es nicht auch in einem Bett, wo eine Mutter, trunken vor Freude bei der Geburt eines Sohnes, ihre Schmerzen vergißt? Dort erregen uns die unwahrscheinlichsten Glücksgefühle, Früchte der Phantasie und der Hoffnung. – Schließlich vergessen wir in diesem wundervollen Möbel während der einen Hälfte unseres Lebens den Kummer der anderen Hälfte. Doch welche Fülle angenehmer und trauriger Gedanken tummelt sich auf einmal in meinem Gehirn? Welch erstaunliche Mischung schrecklicher und köstlicher Lebenssituationen!

Ein Bett sieht, wie wir geboren werden und wie wir sterben; es ist die Bühne, auf der das Menschengeschlecht abwechselnd interessante Dramen, lächerliche Possen und entsetzliche Tragödien aufführt. – Es ist eine mit Blumen geschmückte Wiege; – es ist der Thron der Liebe; – es ist ein Grab.

KAP. VI

## KAPITEL VI

Dieses Kapitel ist ausschließlich für die Metaphysiker. Es wird die Natur des Menschen im hellsten Tageslicht erscheinen lassen: es ist das Prisma, mit Hilfe dessen man die menschlichen Eigenschaften analysieren und zerlegen kann, indem man die animalische Kraft von den reinen Strahlen der Vernunft scheidet.

Ich könnte dem Leser unmöglich erklären, wie und warum ich mir bei den ersten Schritten meiner Reise die Finger verbrannte, ohne ihm in aller Ausführlichkeit mein System von der *Seele und dem Tier* zu erklären. – Diese metaphysische Entdeckung beeinflußt meine Gedanken und Handlungen im übrigen so sehr, daß es schwierig wäre, dieses Buch zu verstehen, wenn ich den Schlüssel dazu nicht gleich zu Beginn gäbe.

Durch verschiedene Beobachtungen habe ich erkannt, daß der Mensch aus einer Seele und einem Tier zusammengesetzt ist. – Diese zwei Wesen sind völlig getrennt und doch so ineinander oder übereinander verschachtelt, daß die Seele eine gewisse Überlegenheit über das Tier haben muß, um in der Lage zu sein, die Trennung vorzunehmen.

Ich

Ich habe von einem alten Professor (ich besinne mich nur noch dunkel auf ihn) gehört, daß Plato die Materie *das Andere* genannt hat. Das ist sehr gut; aber ich würde diesen Namen im wahrsten Sinn des Worts dem Tier geben, das unserer Seele beigesellt ist. Dies ist tatsächlich die Substanz, die *das Andere* ist und die uns auf so merkwürdige Weise quält. Im allgemeinen erkennt man wohl, daß der Mensch ein doppeltes Wesen ist; aber man sagt, das komme daher, daß er aus einer Seele und einem Körper zusammengesetzt sei; und man gibt dem Körper an ich weiß nicht was allem die Schuld, und das bestimmt zu Unrecht, denn er ist ebenso unfähig zu fühlen wie zu denken. Man muß sich an das Tier halten, an dieses Wesen, das zu Empfindungen fähig ist und völlig geschieden von der Seele, ein wirkliches *Individuum* mit einem eigenen Leben, eigenen Vorlieben, eigenen Neigungen und einem eigenen Willen, und das nur über den anderen Tieren steht, weil es besser erzogen und mit vollkommeneren Organen ausgestattet ist.

Meine Herren und Damen, seien Sie ruhig stolz auf Ihre Vernunft; aber mißtrauen Sie dem *Anderen*, vor allem, wenn Sie zusammen sind!

Ich habe unzählige Erfahrungen über die Verbindung dieser beiden ungleichartigen Geschöpfe gesammelt. Zum Beispiel habe ich klar erkannt, daß

daß sich die Seele das Tier gefügig machen kann, aber daß dieses, im Gegenzug, aus Ärger die Seele häufig dazu zwingt, ihrem Willen zuwiderzuhandeln. Den Regeln nach hat die eine die gesetzgebende und das andere die ausführende Gewalt; aber diese beiden Gewalten widersprechen sich häufig. – Die große Kunst eines genialen Menschen besteht darin, sein Tier gut zu erziehen, damit es alleine zu gehen vermag, während die Seele sich, befreit von diesem beschwerlichen Begleiter, bis in den Himmel erheben kann.

Aber dies muß an einem Beispiel verdeutlicht werden.

Wenn Sie, mein Herr, ein Buch lesen und Ihnen plötzlich ein angenehmerer Gedanke in den Sinn kommt, stürzt sich Ihre Seele sofort darauf und vergißt das Buch, während Ihre Augen weiter mechanisch den Worten und den Zeilen folgen; Sie lesen die Seite zu Ende, ohne sie zu verstehen und ohne sich an das, was Sie gelesen haben, zu erinnern. – Das kommt daher, daß Ihre Seele, die ihrem Gefährten befohlen hatte, für Sie zu lesen, diesem nicht ankündigte, daß sie kurz abwesend sein würde; so daß das *Andere* mit der Lektüre fortfuhr, während Ihre Seele nicht mehr lauschte.

KAP. VII

# KAPITEL VII

Das scheint Ihnen nicht einleuchtend? Hier ein anderes Beispiel:

Im vergangenen Sommer machte ich mich eines Tages auf den Weg, um an den Hof zu gehen. Ich hatte den ganzen Morgen gemalt, und meine Seele, die sich damit vergnügte, über die Malerei nachzusinnen, überließ dem Tier die Sorge, mich in den Palast des Königs zu bringen.

»Was für eine erhabene Kunst ist die Malerei! dachte meine Seele; glücklich der, den das Schauspiel der Natur berührt, der nicht gezwungen ist, Bilder zu machen, um davon zu leben, und der auch nicht einzig und allein aus Zeitvertreib malt, sondern der versucht, erschüttert von der Großartigkeit einer schönen Physiognomie und dem wundervollen Spiel des Lichts, das in tausend Farbschattierungen auf dem menschlichen Gesicht verschmilzt, sich in seinen Werken den erhabenen Wirkungen der Natur zu nähern! Und glücklich der Maler, den die Liebe zur Landschaft zu einsamen Spaziergängen veranlaßt, der es versteht, das Gefühl der Traurigkeit, das ein finsterer Wald oder eine öde Gegend in ihm auslöst, auf seine

seine Leinwand zu bannen! Seine Werke ahmen die Natur nach und geben sie wieder; er erschafft neue Meere und dunkle Höhlen, die keinen Sonnenstrahl kennen; auf seinen Befehl hin tritt grünes Gebüsch aus dem Nichts hervor, das Blau des Himmels spiegelt sich in seinen Gemälden; er versteht die Kunst, Lüfte in Aufruhr zu versetzen und Stürme toben zu lassen. Ein anderes Mal bietet er dem Auge des entzückten Betrachters liebliche Gefilde des antiken Sizilien: man sieht bestürzte Nymphen, verfolgt von einem Satyr, durch das Schilf fliehen; Tempel einer majestätischen Bauart erheben ihre prunkvollen Giebel über die heiligen Haine, die sie umgeben; die Phantasie verliert sich auf den stillen Wegen dieses idealen Landes; die bläulich schimmernden Fernen verschwimmen mit dem Himmel, und die ganze Landschaft, die sich im Wasser eines ruhigen Flusses wiederholt, bietet ein Schauspiel, das man nicht mit Worten beschreiben kann.«

Während meine Seele diesen Gedanken nachhing, verfolgte das *Andere* seinen Weg, der Gott weiß wohin führte! – Anstatt sich an den Hof zu begeben, wie ihm befohlen worden war, irrte es so weit nach links ab, daß es, in dem Augenblick, als meine Seele es wieder einholte, an der Tür von Madame de Hautcastel angelangt war, eine halbe Meile vom königlichen Palast entfernt.

Ich

Ich überlasse es dem Leser, sich auszumalen, was passiert wäre, wenn es ganz alleine eine so schöne Dame besucht hätte.

## KAPITEL VIII

Wenngleich es nützlich und angenehm ist, eine Seele zu haben, die von der Materie losgelöst ist, so daß man sie, wenn man dies für angebracht hält, alleine reisen lassen kann, so bringt diese Eigenschaft doch auch Nachteile mit sich. Ihr verdanke ich zum Beispiel die in den vorigen Kapiteln erwähnte Verbrennung. – Im allgemeinen überlasse ich meinem Tier die Sorge der Vorbereitung meines Frühstücks; es röstet mein Brot und schneidet es in Scheiben. Den Kaffee macht es ganz vorzüglich und trinkt ihn sogar häufig, ohne daß meine Seele sich einmischt, es sei denn, sie hat ihr Vergnügen daran, das Tier arbeiten zu sehen; aber das kommt selten vor und ist sehr schwer durchzuführen: denn es ist zwar leicht, beim Verrichten irgendeiner mechanischen Tätigkeit an etwas anderes zu denken; aber es ist äußerst schwer, sich gewissermaßen bei seinem eigenen Tun zu beobachten; – oder, um es mit meinem System zu erklären: es ist schwer, seine
Seele

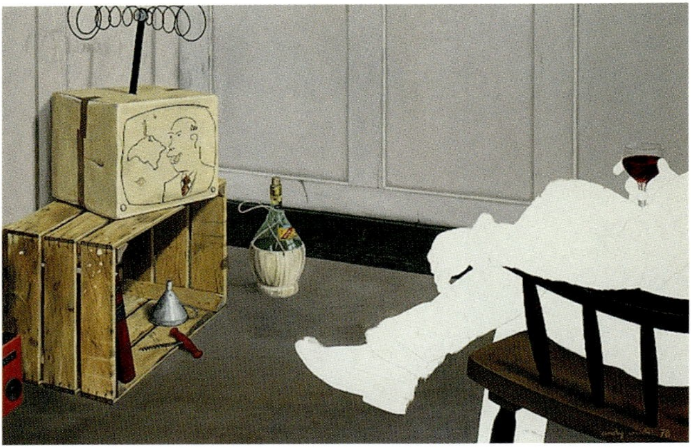

Seele dazu zu gebrauchen, das Vorgehen seines Tiers zu überwachen und es arbeiten zu sehen, ohne sich an der Arbeit zu beteiligen. – Das ist die erstaunlichste metaphysische Kraftprobe, die der Mensch vollbringen kann.

Ich hatte meine Feuerzange in die Glut gelegt, um mein Brot zu rösten; und einige Zeit später, während meine Seele reiste, rollte ein brennendes Holzscheit auf den Rost; – mein armes Tier griff mit der Hand nach der Zange, und ich verbrannte mir die Finger.

## KAPITEL IX

Ich hoffe, ich habe meine Ideen in den vorigen Kapiteln hinreichend entwickelt, um dem Leser zu denken zu geben und um ihn in die Lage zu versetzen, selbst Entdeckungen in dieser glänzenden Karriere zu machen: er kann gar nicht anders, er muß mit sich zufrieden sein, wenn es ihm eines Tages gelingt, seine Seele alleine auf Reisen zu schicken; das Vergnügen, das ihm diese Fähigkeit verschafft, wird im übrigen die *quiproquos* aufwiegen, die daraus resultieren könnten. Gibt es einen verlockenderen Genuß als den, auf diese Weise seine Existenz auszudehnen, die Erde und den

den Himmelsraum gleichzeitig zu erobern und sozusagen sein Wesen zu verdoppeln? – Ist es nicht der ewige und nie befriedigte Wunsch des Menschen, seine Macht und seine Fähigkeiten zu vermehren, dort zu sein, wo er nicht ist, die Vergangenheit zurückzurufen und in der Zukunft zu leben? – Er möchte Armeen befehligen, Akademien vorsitzen; er möchte von den Schönen angebetet werden; und wenn er das alles erreicht hat, dann vermißt er die Felder und die Ruhe und sehnt sich nach der Hütte des Hirten: Seine Pläne und seine Hoffnungen scheitern ständig an dem tatsächlichen Ungeschick, das der menschlichen Natur anhaftet; er versteht es nicht, das Glück zu finden. Eine viertelstündige Reise in meiner Begleitung wird ihm den Weg dorthin zeigen.

Warum überläßt er nicht dem *Anderen* die elenden Sorgen und den Ehrgeiz, die ihn quälen? – Mache dich auf, armer Unglücklicher! Gib dir Mühe, deine Gefängnismauern zu sprengen, und schaue von oben herab, aus den unendlichen Himmelssphären, in die ich dich entführen werde, auf dein Tier hinunter, das, auf die Welt losgelassen, ganz alleine dem Glück und dem Ruhm nachjagt; sieh, mit welcher Würde es sich unter den Menschen bewegt: die Menge tritt respektvoll zur Seite, und, glaube mir, niemand wird bemerken, daß es ganz alleine ist; den lärmenden Haufen,

Haufen, in dem es sich bewegt, interessiert es nicht im geringsten, ob es eine Seele hat oder nicht, ob es denkt oder nicht. – Tausend empfindsame Damen werden es bis zur Raserei lieben, ohne es zu bemerken; es kann sich sogar ohne die Hilfe deiner Seele zu höchstem Ruhm und Reichtum erheben. – Ich würde mich nicht wundern, wenn sich deine Seele bei unserer Rückkehr aus den Himmelsweiten zu Hause in dem Tier eines Grandseigneurs wiederfinden würde.

## KAPITEL X

Wenn jemand glauben sollte, anstatt mich an mein Wort zu halten und die Reise um mein Zimmer zu beschreiben, würde ich abschweifen, um mich aus der Affäre zu ziehen, so täuscht er sich gewaltig, denn in Wirklichkeit setze ich meine Reise fort, und während meine Seele, sich auf sich selbst besinnend, in dem vorigen Kapitel die qualvollen Umwege der Metaphysik durchlief – saß ich in meinem Sessel, auf dem ich mich so zurückgeworfen hatte, daß sich seine beiden Vorderfüße zwei Daumen breit über dem Fußboden befanden; und indem ich bald nach rechts und bald nach

nach links schaukelte und an Boden gewann, war ich nach und nach ganz nahe an die Wand gelangt. – Das ist meine Reiseart, wenn ich es nicht eilig habe. – An der Wand hatte sich meine Hand ganz mechanisch des Porträts von Madame Hautcastel bemächtigt, und das *Andere* unterhielt sich damit, den Staub abzuwischen, der es bedeckte. – Diese Beschäftigung bereitete ihm ein stilles Vergnügen, und dieses Vergnügen teilte sich meiner Seele mit, obwohl sie in den Himmelsweiten weilte, denn man kann beobachten, daß der Geist auf seinen Reisen im Weltenraum immer durch ein geheimes Band, ich weiß nicht, welches, mit den Sinnen verknüpft ist; so daß er, ohne sich in seinen Beschäftigungen stören zu lassen, an den stillen Freuden des *Anderen* teilnehmen kann; aber wenn diese Freuden einen gewissen Punkt erreicht haben, oder wenn die Seele durch ein unerwartetes Schauspiel erregt wird, dann nimmt die Seele mit der Geschwindigkeit eines Blitzes ihren Platz wieder ein.

So erging es mir, als ich das Porträt reinigte.

In dem Maß, wie das Tuch den Staub entfernte und die Locken der blonden Haare mit der Rosengirlande, die sie krönte, hervortreten ließ, fühlte meine Seele, die auf dem Weg zur Sonne war, wie sie vor Lust zu zittern begann und gleichgestimmt die Freude meines Herzens teilte.

Diese

Diese Freude wurde weniger verschwommen und lebhafter, als das Tuch mit einem Schwung die strahlende Stirn des reizenden Gesichts aufdeckte; meine Seele war auf dem Sprung, die Himmelssphären zu verlassen, um diesen Anblick auszukosten. Selbst wenn sie sich auf den elysischen Feldern befunden oder einem Konzert der Cherubim gelauscht hätte, wäre sie keine halbe Sekunde länger dortgeblieben, als sie sah, daß ihr Gefährte, der immer mehr Interesse an seiner Beschäftigung fand, sich anschickte, einen feuchten Schwamm zu nehmen, den man ihm reichte, und damit plötzlich über die Brauen und die Augen fuhr, – über die Nase, – über die Wangen, – über diesen Mund, – o Gott! wie mein Herz schlägt! – über das Kinn, über den Busen: es war im Nu geschehen; die ganze Gestalt schien wiederzuerstehen und aus dem Nichts aufzutauchen. – Meine Seele stürzte vom Himmel wie eine Sternschnuppe; sie fand das *Andere* in einem Wonnetaumel des Entzückens, den sie dadurch steigerte, daß sie ihn mit ihm teilte. Diese einzigartige und unerwartete Situation ließ Raum und Zeit für mich dahinschwinden. – Ich lebte für einen Augenblick in der Vergangenheit, und ich verjüngte mich entgegen den Gesetzen der Natur. – Ja, da ist sie, die angebetete Frau, sie ist es selbst: ich sehe sie lachen; sie wird den Mund aufmachen,

aufmachen, um zu sagen, daß sie mich liebt. – Was für ein Blick! Komm näher, damit ich dich an mein Herz drücken kann, Seele meines Lebens, mein zweites Ich! – Komm her, und teile meine Trunkenheit und mein Glück!

Dieser Augenblick war kurz, aber er war hinreißend; der kalte Verstand übernahm bald wieder das Zepter, und in Sekundenschnelle alterte ich um ein ganzes Jahr – mein Herz wurde plötzlich kalt und frostig, und ich befand mich auf einer Ebene mit der Menge der Kaltsinnigen, die die Erdkugel beschwert.

## KAPITEL XI

Man soll den Ereignissen nicht vorgreifen: Das Bemühen, dem Leser mein System von der Seele und dem Tier mitzuteilen, hat mich die Beschreibung meines Betts früher abbrechen lassen, als ich es hätte tun sollen; wenn ich sie beendet haben werde, werde ich meine Reise an der Stelle wieder aufnehmen, wo ich sie im letzten Kapitel verlassen habe. – Ich bitte Sie nur, in Erinnerung zu behalten, daß wir *meine eine Hälfte*, mit dem Porträt Madame de Hautcastels in der Hand, ganz nahe an der Wand, vier Schritte von meinem Schreibtisch

Schreibtisch entfernt, zurückgelassen haben. Als ich von meinem Bett sprach, hatte ich vergessen, jedem Menschen, der die Möglichkeit dazu hat, zu raten, sein Bett in den Farben Rosa und Weiß zu halten: denn es steht fest, daß uns die Farben beeinflussen und uns, je nach ihrem Ton, fröhlich oder traurig stimmen. – Rosa und Weiß sind zwei Farben, die der Freude und der Glückseligkeit gewidmet sind. – Indem die Natur die Rose damit begabte, hat sie ihr die Krone von Floras Reich geschenkt; – und wenn der Himmel der Welt einen schönen Tag ankündigen will, färbt er seine Wolken bei Sonnenaufgang mit diesen Farben.

Einmal stiegen wir mühsam einen steilen Pfad hinauf. Die liebenswerte Rosalie ging voran; ihre Gewandtheit verlieh ihr Flügel: wir konnten ihr nicht folgen. – Als sie auf dem Gipfel eines Hügels angekommen war, drehte sie sich plötzlich nach uns um, um Atem zu schöpfen, und lachte über unsere Langsamkeit. – Wahrscheinlich haben die beiden Farben, die ich gepriesen habe, noch niemals so triumphiert. – Ihre glühenden Wangen, ihre korallenroten Lippen, ihre strahlenden Zähne, ihr alabasterner Hals, alles vor dem Hintergrund üppigen Grüns, blendeten alle Blicke. Wir mußten anhalten, um sie zu betrachten. Ich verliere kein Wort über ihre blauen Augen oder über den Blick, den sie uns zuwarf, weil ich
sonst

sonst von meinem Thema abschweifen würde und weil ich im übrigen so wenig wie möglich daran denken will. Es genügt mir, daß ich das allerschönste Beispiel der Überlegenheit dieser beiden Farben und ihres Einflusses auf das Glück der Menschen gegeben habe.

Ich werde heute nicht weitergehen. Welches Thema könnte ich jetzt noch behandeln, das nicht abgeschmackt wirkte? Welches Bild würde nicht von diesem Bild ausgelöscht? – Ich weiß nicht einmal, wann ich mich wieder an das Werk machen kann. – Sollte ich es fortführen und sollte der Leser das Ende zu sehen wünschen, so muß er sich an den Engel wenden, der die Gedanken verteilt, und ihn bitten, daß er nie wieder das Bild des Hügels unter die Fülle der unzusammenhängenden Gedanken mischt, die er mir jeden Augenblick zuwirft.

Ohne diese Vorsichtsmaßnahme ist es um meine Reise geschehen.

KAP. XII

## KAPITEL XII

............................................................
............................................................
........................... der Hügel ............................
............................................................
............................................................
............................................................

## KAPITEL XIII

Die Anstrengungen sind vergeblich; ich muß den versprochenen Bericht aufschieben und gegen meinen Willen hier verweilen: es ist eine erzwungene Etappe.

## KAPITEL XIV

Ich habe gesagt, daß ich es besonders liebe, in der wohligen Wärme meines Betts nachzudenken, und daß seine angenehme Farbe sehr zu dem Vergnügen beiträgt, das ich darin empfinde.

Um

Um mir dieses Vergnügen zu verschaffen, hat mein Diener Anweisung erhalten, eine halbe Stunde bevor ich aufzustehen beabsichtige, in mein Zimmer zu kommen. Ich höre ihn langsam hin- und hergehen und unauffällig in meinem Zimmer *herumwirtschaften*; und dieses Geräusch gibt mir das behagliche Gefühl, zu schlummern: ein köstliches Vergnügen, das viele Menschen überhaupt nicht kennen.

Man ist wach genug, um zu erkennen, daß man es nicht ganz ist, und um verwirrt zu errechnen, daß die Stunde der Geschäfte und Sorgen noch in der Sanduhr der Zeit ruht. Mein Mann wird unmerklich lauter; es ist so schwer, sich zurückzuhalten, im übrigen weiß er, daß der unvermeidliche Moment näher rückt. – Er schaut auf meine Uhr und läßt die Berlocken klingeln, um mich vorzubereiten; aber ich stelle mich taub; und um mir diese reizende Stunde zu verlängern, schikaniere ich den armen Kerl mit allen erdenklichen Ausflüchten. Ich habe hunderterlei Befehle zur Hand, die ich ihm erteilen kann, damit ich Zeit gewinne. Er weiß ganz genau, daß diese Befehle, die ich ihm ziemlich übelgelaunt gebe, nur Vorwände dafür sind, im Bett bleiben zu können, ohne daß es so scheint, als wollte ich ebendas. Er läßt sich nicht anmerken, daß er es durchschaut, und dafür bin ich ihm wirklich dankbar.

Wenn

Wenn ich schließlich alle meine Möglichkeiten ausgeschöpft habe, dann pflanzt er sich, die Arme über der Brust verschränkt, mitten in meinem Zimmer auf und verharrt in vollkommener Unbeweglichkeit.

Man wird mir beipflichten, daß es nur schwer möglich ist, mein Vorgehen mit mehr Geist und Diskretion zu mißbilligen, und ich leiste dieser stummen Einladung auch nie Widerstand; ich breite die Arme aus, um ihm zu bekunden, daß ich verstanden habe, und schon sitze ich aufrecht da.

Sollte sich der Leser Gedanken machen über das Verhalten meines Dieners, so wird er rasch zu der Überzeugung gelangen, daß in gewissen delikaten Situationen, wie dies eine ist, Einfalt und gesunder Menschenverstand tausendmal nützlicher sind als ein gescheiter Kopf. Ich wage zu behaupten, daß die wohlgesetzteste Rede über die Nachteile der Faulheit mich nicht dazu bestimmen würde, so schnell mein Bett zu verlassen, wie es der stumme Vorwurf von Monsieur Joannetti tut.

Dieser Monsieur Joannetti ist ein vollkommener Ehrenmann und gleichzeitig unter allen Menschen derjenige, der einem Reisenden wie mir am meisten konveniert. Er ist an die häufigen Reisen meiner Seele gewöhnt und lacht niemals über die
Inkonsequenzen

Inkonsequenzen des *Anderen*, ja, er lenkt es sogar manchmal, wenn dieses alleine ist; so daß man in solchen Momenten sagen könnte, daß es von zwei Seelen geführt wird. Wenn das *Andere* sich ankleidet, warnt er mich zum Beispiel durch ein Zeichen, daß dieses im Begriff ist, seine Strümpfe verkehrt herum oder seinen Rock vor der Weste anzuziehen. – Meine Seele hat sich oft darüber amüsiert, wenn sie sah, wie er dem Verrückten unter den Gewölbebogen der Zitadelle hinterherrannte, um ihm zu sagen, daß es seinen Hut vergessen hatte; – oder ein anderes Mal sein Taschentuch.

Eines Tages (soll ich es zugeben?) wäre das kopflose Ding ohne Degen an den Hof gegangen, wenn es der treue Diener nicht unten an der Treppe eingeholt hätte, ebenso kühn wie der Oberzeremonienmeister, der den majestätischen Stab trägt.

## KAPITEL XV

Komm, Joannetti, sagte ich zu ihm, hänge dies Porträt wieder an die Wand.«

Er hatte mir geholfen, es zu reinigen, und ahnte von all dem, was das Kapitel über das Porträt bewirkt

wirkt hatte, so wenig wie von dem, was auf dem Mond vorgeht. Er war es gewesen, der mir aus eigenem Antrieb den feuchten Schwamm gereicht hatte und der durch diesen Schritt, der offensichtlich unerheblich war, meine Seele dazu brachte, hundert Millionen Meilen in einem Augenblick zurückzulegen. Anstatt das Porträt an seinen Platz zu tun, hielt er es in den Händen, um es nun seinerseits abzutrocknen. – Irgendeine Schwierigkeit, ein Problem, das es zu lösen galt, gab ihm einen fragenden Blick, der mir auffiel.

»Nun, sagte ich zu ihm, was hast du an dem Porträt zu beanstanden?

– Oh, nichts, Monsieur!

– Und weiter?«

Er stellte es aufrecht auf eine der Ablagen meines Schreibtischs, dann entfernte er sich ein paar Schritte und sagte: »Ich hätte gerne, daß Monsieur mir erklären, warum mich dieses Porträt immer ansieht, egal an welcher Stelle des Zimmers ich mich befinde. Morgens, wenn ich das Bett mache, dreht sich sein Gesicht zu mir, und wenn ich zum Fenster gehe, schaut es mich wieder an und folgt meinen Schritten mit seinen Blicken.

– So daß diese Dame, wenn das Zimmer voller Menschen wäre, gleichzeitig nach allen Seiten und allen Leuten schauen würde, Joannetti?

– O ja, Monsieur.

– Sie

– Sie würde jedem, der kommt, und jedem, der geht, genauso zulächeln wie mir?«

Joannetti antwortete nichts. – Ich streckte mich in meinem Sessel aus, senkte den Kopf und überließ mich den ernstesten Betrachtungen. – Welche Erleuchtung! Armer Liebhaber, während du, fern deiner Mätresse, die vielleicht schon einen Ersatz für dich gefunden hat, vor Ungeduld vergehst; während du mit deinen Augen ihr Porträt verschlingst und dir vorstellst, du seiest (zumindest im Gemälde) der einzige, den sie ansieht, richtet das treulose Bildnis, das ebenso untreu ist wie das Original, seine Blicke auf alles, was es umgibt, und lächelt jedermann an.

Es besteht eine moralische Ähnlichkeit zwischen gewissen Porträts und ihren Modellen, die kein Philosoph, kein Maler und kein Beobachter bisher bemerkt hat.

Ich schreite von Entdeckung zu Entdeckung.

## KAPITEL XVI

Joannetti verharrte immer noch in derselben Stellung und wartete auf die Erklärung, um die er mich gebeten hatte. Ich hob den Kopf aus den Falten meines *Reisegewands*, in die ich mich vergraben

vergraben hatte, um bequem nachdenken zu können und mich von den traurigen Überlegungen zu erholen, die ich gerade eben angestellt hatte. – »Siehst du nicht, Joannetti, sagte ich nach einem Moment des Schweigens zu ihm, siehst du nicht, daß die Lichtstrahlen von jedem Punkt des Gemäldes zurückgeworfen werden, weil dieses eine ebene Oberfläche hat...?« Bei dieser Erklärung riß Joannetti seine Augen so weit auf, daß der ganze Augapfel hervortrat; außerdem stand sein Mund offen: diese beiden Gesichtsbewegungen zeigen nach dem berühmten Le Brun das letzte Stadium des Erstaunens an. Es war zweifellos mein Tier, das eine so gelehrte Antwort gegeben hatte; meine Seele wußte zu gut, daß Joannetti keine Ahnung davon hat, was eine ebene Oberfläche ist, und noch weniger, was Lichtstrahlen sind; als die erstaunliche Weitung seiner Augen mich zur Besinnung gebracht hatte, zog ich meinen Kopf wieder in den Kragen meines Reisegewands und vergrub ihn dort so, daß man ihn fast nicht mehr sehen konnte.

Ich beschloß, an diesem Ort zu essen: Der Morgen war schon weit vorgerückt, ein Schritt weiter hätte mein Diner in die Nacht verschoben. Ich glitt in meinem Sessel ganz nach vorne, stellte beide Füße auf die Kaminkante und wartete geduldig auf die Mahlzeit. Dies ist eine köstliche Haltung;

Haltung; ich glaube, es wäre schwierig, eine andere zu finden, die so viele Vorteile vereint und so bequem ist für die unvermeidlichen Pausen auf einer langen Reise.

Rosine, meine treue Hündin, unterläßt es nie, in solchen Augenblicken an den Rockschößen meines Reisegewands zu zerren, damit ich ihr heraufhelfe; sie findet ein wohlbereitetes und sehr bequemes Lager in der Spitze des Winkels, den meine beiden Körperhälften bilden: ein V beschreibt diesen Ort ganz vortrefflich. Rosine springt von selbst herauf, wenn ich sie ihrer Meinung nach nicht rasch genug zu mir hochhole. Häufig finde ich sie schon auf meinem Schoß vor, ohne zu wissen, wie sie dahin gelangte. Meine Hände verhalten sich ganz von alleine so, wie es für ihr Wohlbefinden am besten ist, sei es, weil eine Seelenverwandtschaft zwischen diesem liebenswerten Tier und dem meinen besteht, oder nur, weil der Zufall es will. – Aber ich glaube nicht mehr an den Zufall, an diese traurige Einrichtung – an dieses Wort, das nichts bezeichnet. – Noch eher würde ich an den Magnetismus glauben; – oder an den Martinismus. – Nein, ich werde nie daran glauben.

Die Beziehung, die zwischen diesen beiden Tieren besteht, ist eine solche Realität, daß Rosine, jedesmal wenn ich aus purer Zerstreuung meine

meine Füße auf den Kaminrand stelle, selbst wenn die Essenszeit noch fern ist und ich überhaupt nicht daran denke, eine *Etappe* einzulegen, dieser Bewegung gewärtig ist und ihr Vergnügen durch ein leichtes Schwanzwedeln zu erkennen gibt; die Rücksichtnahme hält sie auf ihrem Platz zurück, und das *Andere*, das dies bemerkt, weiß es ihr zu danken: Obwohl beide nicht imstande sind, darüber nachzudenken, wie es dazu kommt, findet ein stummer Dialog zwischen ihnen statt, ein Austausch von angenehmen Empfindungen, der ganz gewiß nicht dem Zufall zugeschrieben werden kann.

## KAPITEL XVII

Man darf mir nicht vorwerfen, daß ich mich in Nebensächlichkeiten verliere, das ist die Manie der Reisenden. Wenn man zur Besteigung des Montblanc aufbricht oder die weite Öffnung des Grabs des Empedokles besuchen will, versäumt man nie, die kleinsten Umstände, die Anzahl der Personen und der Maulesel, die Art der Lebensmittelvorräte und den ausgezeichneten Appetit der Reisenden auf das genaueste zu beschreiben; alles, bis hin zu den Fehltritten der Lasttiere,

Lasttiere, wird sorgfältig in das Tagebuch eingetragen, zur Belehrung für die seßhaften Erdbewohner. Diesem Prinzip folgend, habe ich mir vorgenommen, von meiner teuren Rosine, diesem liebenswürdigen Tier, das ich mit einer wahren Zuneigung liebe, zu sprechen und ihr ein ganzes Kapitel zu widmen.

In den zehn Jahren, die wir nun zusammenleben, hat es nicht die geringste Abkühlung zwischen uns gegeben, und wenn sich ab und zu ein kleiner Streit zwischen ihr und mir ergab, dann, ich gestehe es gerne ein, war das größere Unrecht stets auf meiner Seite, und Rosine unternahm jedesmal die ersten Schritte zur Versöhnung.

Wenn sie abends gescholten wird, zieht sie sich traurig und ohne zu knurren zurück, und am nächsten Morgen bei Tagesanbruch sitzt sie wieder in respektvoller Haltung neben meinem Bett, um bei der geringsten Bewegung ihres Herrn, beim kleinsten Zeichen des Erwachens, ihre Anwesenheit zu bezeugen, indem sie mit ihrem Schwanz stürmisch gegen meinen Nachttisch schlägt.

Und warum sollte ich meine Zuneigung diesem zärtlichen Wesen verweigern, das seit der Zeit, als wir unser gemeinsames Leben begonnen haben, nie aufhörte, mich zu lieben? Mein Gedächtnis wäre überfordert, wenn ich all die Personen aufzählen

zählen wollte, die sich für mich interessierten und die mich wieder vergessen haben. Ich habe ein paar Freunde gehabt, mehrere Mätressen, eine Menge Beziehungen und noch mehr Bekannte; – und jetzt existiere ich für diese ganze Gesellschaft, die selbst meinen Namen vergessen hat, nicht mehr.

Wie viele Beteuerungen, wie viele Hilfsangebote! Ich konnte auf ihr Vermögen, auf Freundschaft für alle Zeiten und ohne Vorbehalte zählen!

Meine teure Rosine, die mir keine Dienste angeboten hat, leistet mir den größten Dienst, den man der Menschlichkeit leisten kann: Sie liebte mich früher und liebt mich heute immer noch. Auch ich – ich scheue mich nicht, es auszusprechen – liebe sie mit der gleichen innigen Anteilnahme, die ich meinen Freunden entgegenbringe.

Man mag darüber urteilen, wie man will.

## KAPITEL XVIII

Wir haben Joannetti in der Haltung des Erstaunens unbeweglich vor mir stehend verlassen, der auf das Ende der großartigen Erklärung wartete, die ich begonnen hatte.

Als

Als er sah, wie ich plötzlich den Kopf in meinem Schlafrock vergrub und meine Erklärung abbrach, zweifelte er keinen Augenblick daran, daß ich aus Mangel an Argumenten nicht weiterredete und daß er mich folglich durch die Schwierigkeit seiner Frage in Verlegenheit gebracht hatte.

Trotz der Überlegenheit, die er dadurch über mich erhielt, empfand er nicht die geringste Regung von Stolz und versuchte nicht, seinen Vorteil auszunutzen. – Nach kurzem Schweigen nahm er das Porträt, hängte es an seinen Platz und zog sich langsam auf Zehenspitzen zurück. – Er fühlte, daß seine Gegenwart eine Art Demütigung für mich darstellte, und sein Feingefühl hieß ihn, sich zurückzuziehen, ohne mich dies merken zu lassen. – Sein Verhalten in dieser Situation nahm mich lebhaft für ihn ein und gab ihm in meinem Herzen einen noch höheren Platz. Im Herzen des Lesers wird er bestimmt ebenfalls einen Platz einnehmen; und wenn jemand so gefühllos sein sollte, ihm diesen zu verweigern, nachdem er das nächste Kapitel gelesen hat, dann hat ihm der Himmel zweifellos ein Herz aus Stein gegeben.

KAP. XIX

## KAPITEL XIX

Alle Wetter! sagte ich eines Tages zu ihm, jetzt befehle ich dir schon zum drittenmal, mir eine Bürste zu kaufen. So ein Schafskopf, so ein dummes Tier!«

Er erwiderte kein Wort; am Abend zuvor hatte er auf eine ähnliche Beleidigung auch schon nicht geantwortet. *»Er ist sonst so zuverlässig!«* sagte ich mir. Ich konnte es nicht verstehen.

»Geh, und hole ein Tuch zum Schuheputzen«, sagte ich wütend zu ihm. Während er wegging, bedauerte ich, ihn so hart angefahren zu haben. – Mein Zorn verschwand vollends, als ich sah, mit welcher Sorgfalt er versuchte, den Staub von meinen Schuhen zu wischen, ohne dabei meine Strümpfe zu berühren; ich legte meine Hand auf ihn, zum Zeichen der Versöhnung. – »Wie, sagte ich zu mir, es gibt also Leute, die den anderen um Geld ihre Schuhe säubern?« Dieses Wort *Geld* war wie der Strahl der Erleuchtung. Ich erinnerte mich plötzlich, daß ich meinem Dienstboten lange keines mehr gegeben hatte.

»Joannetti, sagte ich zu ihm, indem ich meinen Fuß zurückzog, hast du Geld?«

Ein halb entschuldigendes Lächeln erschien bei dieser

dieser Frage auf seinen Lippen. – »Nein, Monsieur, seit acht Tagen habe ich keinen Sou mehr; ich habe alles, was mir gehörte, für Ihre kleinen Besorgungen ausgegeben.

– Und die Bürste? War das auch deswegen ...?«

Er lächelte wieder. – Er hätte zu seinem Herrn sagen können: »Nein, ich bin kein Hohlkopf, kein dummes Tier, wie Sie Ihren treuen Diener so grausam zu nennen beliebten. Zahlen Sie mir die 23 Pfund, 10 Sous und 4 Deniers, die Sie mir schulden, und ich kaufe Ihnen Ihre Bürste.« – Er ließ sich lieber ungerecht behandeln, als seinen Herrn in die Lage zu bringen, über seinen Zorn erröten zu müssen.

Der Himmel möge ihn segnen! Philosophen, Christen! Habt ihr es gelesen?

»Auf, Joannetti, sage ich zu ihm, auf, geh, und kaufe die Bürste.

– Aber Monsieur, wollen Sie so sitzen bleiben, mit einem blanken und einem schmutzigen Schuh?

– Ich sage, geh, kaufe die Bürste; laß ihn doch, laß ihn, diesen Staub auf meinem Schuh.«

Er ging los; ich nahm das Tuch und putzte den Schuh mit dem größten Vergnügen und ließ eine Träne der Reue auf ihn fallen.

KAP. XX

## KAPITEL XX

Die Wände meines Zimmers sind mit Stichen und Gemälden ausgestattet, die den Raum außerordentlich verschönern. Von Herzen gern würde ich dem Leser ein Bild nach dem anderen vorstellen, um ihn auf dem Weg, den wir bis zu meinem Schreibtisch noch zurückzulegen haben, zu unterhalten und zu zerstreuen; aber es ist ebenso unmöglich, ein Gemälde deutlich vor Augen zu stellen, wie nach der Beschreibung einer Person ein ihr ähnliches Porträt zu fertigen.

Welche Erschütterung würde er zum Beispiel bei der Betrachtung des ersten Stichs, der sich den Blicken bietet, empfinden! – Er würde darauf die unglückliche Lotte sehen, wie sie langsam und mit zitternder Hand die Pistolen von Albert abwischt. – Dunkle Vorahnungen und alle Ängste einer Liebe ohne Hoffnung und ohne Trost spiegeln sich auf ihrem Gesicht; während sich Albert, ungerührt, umgeben von Aktenbündeln und alten Papieren aller Art, kühl umwendet, um seinem Freund eine gute Reise zu wünschen. Wie viele Male war ich nicht schon versucht, das Glas zu zerbrechen, das den Stich bedeckt, um diesen Albert von seinem Tisch zu zerren, um ihn in Stücke

Stücke zu reißen, ihn mit Füßen zu treten! Aber es wird immer zu viele Alberte auf der Welt geben. Welcher empfindsame Mensch trüge den seinen nicht in sich, mit dem er leben muß und an dem sich die Seelenergüsse, die süßen Herzensregungen und die Aufschwünge der Phantasie wie Wellen an Felsen brechen? – Glücklich derjenige, der einen Freund findet, dessen Herz und dessen Geist ihm entsprechen, einen Freund, der durch Übereinstimmung der Neigungen, der Gefühle und der Kenntnisse zu ihm paßt; einen Freund, der nicht von Ehrgeiz und Interessen getrieben wird; – der den Schatten eines Baums dem Prunk am Hofe vorzieht!

Glücklich, wer einen Freund besitzt!

## KAPITEL XXI

Ich hatte einen; der Tod hat ihn mir genommen; er hat ihn am Beginn seiner Laufbahn weggerissen, in dem Augenblick, in dem seine Freundschaft meinem Herzen zu einem dringenden Bedürfnis geworden war. – Wir standen uns gegenseitig in den unangenehmen Kriegsgeschäften bei; wir hatten zusammen nur eine Pfeife; wir tranken aus demselben Becher; wir schliefen im im selben Zelt; und unter den unglücklichen Verhältnissen der heutigen Zeit war der Ort, an dem wir zusammenlebten, ein anderes Vaterland für uns; ich sah ihn allen Gefahren des Kriegs, und eines unheilvollen Kriegs, ausgesetzt. – Der Tod schien den einen für den andern zu verschonen: er feuerte tausendmal seine Geschosse um ihn herum ab, ohne ihn zu treffen; aber das machte mir seinen Verlust später nur noch schwerer. Der Waffenlärm und die Begeisterung, die sich der Seele beim Anblick der Gefahr bemächtigen, hätten vielleicht verhindert, daß seine Schreie bis in mein Herz drangen. – Sein Tod hätte seinem Land genutzt und dem Feind geschadet: – ich hätte ihn weniger bedauert. – Aber ihn mitten in den Annehmlichkeiten eines Winterquartiers zu verlieren! Ihn in dem Augenblick, wo er vor Gesundheit zu strotzen schien, sein Leben aushauchen zu sehen, in dem Augenblick, in dem unsere Beziehung sich in der Ruhe und dem Frieden noch festigte! – Oh, ich werde mich nie darüber trösten können!

Die Erinnerung an ihn lebt indessen alleine in meinem Herzen weiter; diejenigen, die ihn umgaben oder an seine Stelle traten, erinnern sich nicht mehr an ihn: dieser Gedanke läßt mich seinen Verlust noch schmerzlicher empfinden. Die Natur, der das Schicksal der Menschen gleichgültig

gültig ist, legt ihr strahlendes Frühlingskleid an und schmückt sich mit ihrer vollen Schönheit rund um den Friedhof, auf dem er ruht. Die Bäume überziehen sich mit Blättern und schlingen ihre Äste ineinander; die Vögel singen unter dem Laubdach; die Fliegen summen zwischen den Blumen; alles atmet Leben und Lust an der Stätte des Todes; – und abends, wenn der Mond am Himmel leuchtet und ich in der Nähe dieses traurigen Orts seiner gedenke, höre ich das unermüdliche, muntere Zirpen der Grille, die sich unter der Grasdecke auf dem stillen Grab meines Freundes verbirgt. Die unmerkliche Vernichtung der Geschöpfe und alles Unglück der Menschheit zählen nichts im großen Zusammenhang. – Der Tod eines fühlenden Menschen, der inmitten seiner untröstlichen Freunde sein Leben aushaucht, und der eines Schmetterlings, den die kalte Morgenluft im Kelch einer Blume erfrieren läßt, sind im Gang der Natur vergleichbare Ereignisse. Der Mensch ist nichts als ein Schemen, ein Schatten, ein Dunst, der sich in den Lüften auflöst ...

Aber die Morgendämmerung beginnt, den Himmel zu bleichen; die düsteren Gedanken, die mich umtrieben, verflüchtigen sich mit der Nacht, und Hoffnung kehrt in mein Herz zurück. – Nein, derjenige, der den Osten so mit Licht überflutet, hat

hat ihn nicht vor meinen Augen erglänzen lassen, um mich gleich danach in die Nacht des Nichts zu stürzen. Derjenige, der diesen unermeßlichen Horizont ausgespannt hat, der die riesigen Gebirgsmassen auftürmte, deren eisige Gipfel die Sonne vergoldet, ist derselbe, der meinem Herzen befohlen hat zu schlagen und meinem Geist zu denken.

Nein, mein Freund ist nicht ins Nichts eingegangen; wie immer die Grenze beschaffen sein mag, die uns trennt, ich werde ihn wiedersehen. – Ich gründe meine Hoffnung nicht auf einen Vernunftschluß. – Der Flug eines Insekts, das die Luft durchkreuzt, genügt, um mich zu überzeugen; und der Anblick der Landschaft, der Geruch der Luft und ich weiß nicht was für ein Zauber, der mich einhüllt, erhebt meine Gedanken so, daß die unbesiegbare Gewißheit, der Mensch sei unsterblich, mit aller Macht in meiner Seele Einzug hält und von ihr Besitz ergreift.

## KAPITEL XXII

Seit langem bot sich das Kapitel, das ich eben niedergeschrieben habe, meiner Feder an, und immer wieder hatte ich es verworfen. Ich hatte mir

mir vorgenommen, in diesem Buch nur die lachende Seite meiner Seele zu zeigen; aber diesen Vorsatz habe ich, wie so viele andere, aus den Augen verloren; ich hoffe, daß der empfindsame Leser mir verzeihen wird, daß ich ihm einige Tränen abgenötigt habe; und wenn jemand findet, daß ich *in Wahrheit*[1] dieses traurige Kapitel hätte auslassen können, so kann er es in seinem Exemplar herausreißen oder gleich das Buch ins Feuer werfen.

Es genügt mir, wenn es nach deinem Herzen ist, meine teure Jenny, du beste und meistgeliebte Frau; – du beste und meistgeliebte Schwester; dir widme ich dieses Werk: Wenn es deine Zustimmung findet, wird es die aller empfindsamen und zartfühlenden Herzen finden; und wenn du die Torheiten verzeihst, die mir manchmal gegen meinen Willen entschlüpfen, so lache ich allen Zensoren dieser Welt ins Gesicht.

---

[1] Siehe den Roman *Werther*, Brief XXVIII, 12. August.

KAP. XXIII

## KAPITEL XXIII

Über die nächsten Stiche sage ich nur ein kurzes Wort.

Da ist die Familie des unglücklichen Ugolino, der den Hungertod stirbt: einer seiner Söhne liegt reglos ausgestreckt zu seinen Füßen; die andern strecken ihm ihre geschwächten Arme entgegen und bitten ihn um Brot, während der unglückliche Vater mit starrem, verstörtem Blick und unbewegtem Gesicht an eine Säule des Gefängnisses gelehnt, – in der entsetzlichen Ruhe, die das letzte Stadium der Verzweiflung verleiht, – seinen eigenen Tod und zugleich den aller seiner Kinder stirbt und alles erleidet, was die menschliche Natur erleiden kann.

Du, tapferer Ritter d'Assas, du stirbst unter hundert Bajonetten mit einer Tapferkeit und einem Heroismus, die man in unseren Tagen nicht mehr kennt!

Und du, unglückliche Negerin, du, die unter Palmen weint! Du, die ein Barbar, der bestimmt nicht Engländer war, verraten und verlassen hat; – was sage ich? Die er grausam wie eine gemeine Sklavin verkaufte, trotz deiner Liebe und deiner Dienste, trotz der Frucht seiner Zärtlichkeit, die du du in deinem Schoß trägst, – ich werde nie an deinem Bild vorübergehen, ohne dir meine Hochachtung für dein gefühlvolles Herz und dein unglückliches Schicksal zu zollen!

Laßt uns vor dem nächsten Bild einen Augenblick verweilen: da ist eine junge Schäferin, die auf den Gipfeln der Alpen ganz alleine ihre Herde hütet: Sie sitzt auf dem umgestürzten und von den Wintern gebleichten Stamm einer alten Tanne; ihre Füße sind unter den breiten Blättern eines Pestwurzstrauchs verborgen, dessen lila Blüten ihren Kopf überragen. Lavendel, Thymian, Anemonen, Tausendgüldenkraut und Blumen aller Art, die man nur schwer in unseren Gewächshäusern und Gärten kultivieren kann und die in den Alpen in ihrer ganzen schlichten Schönheit gedeihen, bilden den prächtigen Teppich, über den ihre Schafe ziehen. – Liebenswerte Schäferin, sage mir, wo befindet sich der glückliche Erdenwinkel, den du bewohnst? Von welcher abgelegenen Schäferei bist du an diesem Morgen bei Sonnenaufgang aufgebrochen? – Könnte ich nicht dort mit dir leben? – Aber ach! Die süße Ruhe, die du genießt, wird bald vergehen: der Dämon des Krieges, nicht zufrieden damit, die Städte zu verwüsten, wird bald seine Unruhe und seinen Schrecken bis in deine stille Abgeschiedenheit tragen. Schon rücken die Soldaten an; ich sehe

sehe sie von Berg zu Berg emporklimmen und sich den Wolken nähern. – Kanonendonner ertönt in den Himmelshöhen. – Fliehe, Schäferin, treibe deine Herde zusammen, verbirg dich in den entlegensten und unwirtlichsten Höhlen: es gibt keinen Frieden mehr auf dieser trostlosen Erde!

## KAPITEL XXIV

Ich weiß nicht, wie es kommt: Seit einiger Zeit schließen meine Kapitel immer in einem traurigen Ton. Vergeblich hefte ich, wenn ich sie beginne, meine Blicke auf einen angenehmen Gegenstand, – vergeblich begebe ich mich bei Windstille an Bord, jedesmal gerate ich in einen Sturm, der mich vom Kurs abbringt. – Um dieser Unruhe, die verhindert, daß ich Herr meiner Gedanken bin, ein Ende zu bereiten und um das heftige Pochen meines Herzens zu besänftigen, das durch so viele rührende Bilder zu sehr aufgewühlt worden ist, sehe ich kein anderes Mittel als eine Abhandlung. – Ja, ich will diesen Eisbrocken auf mein Herz legen.

Und diese Abhandlung wird die Malerei zum Thema haben; denn es ist nicht möglich, über einen anderen Gegenstand zu sprechen. Ich kann nicht

nicht völlig von dem Punkt herabsteigen, den ich gerade vorhin erreicht habe; im übrigen ist dies das Steckenpferd meines Onkels Tobie.

Ich möchte kurz ein paar Worte über die Frage verlieren, welcher Kunst der Vorrang gebührt, der reizvollen Malerei oder der Musik; ja, ich möchte etwas in die Waagschale werfen, und sei es auch nur ein Sandkorn, ein Atom.

Zugunsten des Malers bringt man vor, daß er etwas hinterläßt; seine Bilder überleben ihn und verewigen sein Gedächtnis.

Dem hält man entgegen, daß die Komponisten ebenfalls Opern und Konzerte hinterlassen; – aber die Musik ist der Mode unterworfen, und die Malerei ist es nicht.

Die Musikstücke, die unsere Vorfahren rührten, sind für die Musikliebhaber unserer Tage lächerlich, und man zählt sie zum Genre der Opera buffa, die die Neffen derer, die ihretwegen einst Tränen vergossen, zum Lachen bringt.

Die Gemälde Raffaels werden unsere Nachwelt genauso bezaubern, wie sie unsere Vorfahren begeistert haben.

Das ist mein Sandkorn.

KAP. XXV

## KAPITEL XXV

Was kümmert es mich denn, sagte Madame de Hautcastel eines Tages zu mir, daß die Musik von Cherubini oder Cimarosa sich von der ihrer Vorgänger unterscheidet? – Was kümmert es mich, daß die alte Musik mich zum Lachen bringt, wenn die neue mich köstlich rührt? – Ist es denn erforderlich für mein Glück, daß mein Vergnügen dem meiner Ururgroßeltern gleicht? Was sprechen Sie mir von Malerei, von einer Kunst, die nur von einer sehr kleinen Schicht von Personen geschätzt wird, während die Musik jeden, der atmet, erfreut?«

In diesem Augenblick weiß ich nicht recht, was man auf diese Bemerkung antworten könnte, auf die ich nicht gefaßt war, als ich dieses Kapitel begann.

Wenn ich sie vorausgesehen hätte, würde ich diese Abhandlung wahrscheinlich nicht in Angriff genommen haben. Und man halte dies ja nicht für die Ausflucht eines Musikers. – Bei meiner Ehre, das bin ich wirklich nicht; – ich rufe den Himmel und alle, die mich Geige spielen hörten, zu meinen Zeugen an.

Aber auch wenn man unterstellt, daß beide Künste

Künste gleich wertvoll sind, so sollte man nicht übereilt vom Wert der Kunst auf den Wert des Künstlers schließen. – Man sieht Kinder mit der größten Meisterschaft Klavier spielen; aber man hat noch nie einen Zwölfjährigen gesehen, der ein guter Maler gewesen wäre. Die Malerei erfordert neben Geschmack und Gefühl einen denkenden Kopf, der für Musiker entbehrlich ist. Man sieht jeden Tag Menschen ohne Kopf und Herz auf einer Geige oder einer Harfe allerliebste Töne erzeugen.

Man kann das menschliche Tier dazu erziehen, die Klaviertasten zu drücken, und wenn es von einem guten Lehrer erzogen wird, kann die Seele nach Lust und Laune reisen, während die Finger mechanisch Töne erzeugen, an denen die Seele in keiner Weise beteiligt ist. – Dagegen kann man nicht den einfachsten Gegenstand dieser Welt malen, ohne daß die Seele dabei alle ihre Fähigkeiten einsetzt.

Wenn indessen jemand auf die Idee käme, zwischen der Komposition der Musik und der Ausführung der Musik einen Unterschied zu machen, würde mich das, ich gebe es gerne zu, etwas in Verlegenheit bringen. Ach, wenn die Verfasser von Abhandlungen ehrlich wären, würden sie alle scheitern wie ich. – Wenn man ein Problem zu lösen sucht, verfällt man für gewöhnlich in einen

einen dogmatischen Ton, weil man sich insgeheim schon entschieden hat, wie ich mich tatsächlich für die Malerei, trotz meiner vorgetäuschten Unparteilichkeit; aber die Diskussion weckt Widerspruch, – und alles endet im Zweifel.

## KAPITEL XXVI

Jetzt, wo ich ruhiger bin, werde ich versuchen, ohne mich zu erregen, von den beiden Porträts zu sprechen, die auf die *Schäferin in den Alpen* folgen.

Raffael! Dein Porträt konnte nur von dir selbst gemalt werden. Wer sonst hätte gewagt, dies zu unternehmen. – Dein offenes, gefühlvolles, vergeistigtes Gesicht kündet von deinem Charakter und deinem Genie.

Um deinem Schatten einen Gefallen zu tun, habe ich das Porträt deiner Geliebten neben das deine gehängt, dieser Geliebten, von der alle Menschen aller Jahrhunderte ewig Rechenschaft verlangen werden über die erhabenen Werke, die dein vorzeitiger Tod den Künsten raubte.

Wenn ich das Porträt Raffaels betrachte, fühle ich mich von einer fast religiösen Ehrfurcht für diesen großen Mann durchdrungen, der in der
Blüte

Blüte seiner Jahre das ganze Altertum überragte und dessen Gemälde die modernen Künstler zu Bewunderung und Verzweiflung veranlassen. – Meine Seele empfindet beim bewundernden Anblick dieses Porträts ein Gefühl der Entrüstung gegenüber dieser Italienerin, die ihre Liebe ihrem Geliebten vorzog und die in ihrem Schoß diese himmlische Flamme, dieses göttliche Genie, auslöschte.

Unglückliche, wußtest du denn nicht, daß Raffael ein Gemälde angekündigt hatte, das der *Verklärung Christi* überlegen sein sollte? – Ahntest du nicht, daß du den Liebling der Natur, den Vater des Enthusiasmus, ein erhabenes Genie, einen Gott in deinen Armen gehalten hast?

Während meine Seele diese Betrachtungen anstellt, heftet ihr *Begleiter* einen aufmerksamen Blick auf die hinreißende Gestalt dieser unheilvollen Schönheit und scheint bereit zu sein, ihr den Tod Raffaels zu verzeihen.

Umsonst wirft ihm meine Seele seine närrische Schwäche vor, sie dringt nicht an sein Ohr. – Zwischen ihm und dem Gegenstand seiner Bewunderung entspinnt sich in solchen Situationen ein eigenartiger Dialog, der nur allzu häufig zugunsten des *bösen Prinzips* ausgeht; eine Probe hiervon spare ich mir für ein späteres Kapitel auf.

KAP. XXVII

## KAPITEL XXVII

Die Stiche und Gemälde, von denen ich eben sprach, verblassen und verschwinden beim ersten flüchtigen Blick auf das folgende Gemälde: die unsterblichen Werke Raffaels, Correggios und der ganzen italienischen Schule können dem Vergleich nicht standhalten. Ich spare es mir daher immer als letztes Stück, als Reserve, auf, wenn ich einigen Neugierigen das Vergnügen gewähre, mit mir zu reisen; und ich kann mit Bestimmtheit behaupten, daß ich, seitdem ich dieses erhabene Gemälde Kennern und Ignoranten, Frauen und Kindern, ja selbst Tieren zeige, immer beobachten konnte, daß die Betrachter, jeder auf seine Weise, Zeichen des Vergnügens und Erstaunens erkennen ließen: so bewundernswert wird darauf die Natur wiedergegeben!

Nun, was für ein Gemälde könnte man Ihnen, meine Herren, zeigen; was für ein Bild könnte man Ihnen, meine Damen, vor Augen führen, das Ihres Beifalls sicherer sein könnte als die getreue Abbildung Ihrer selbst? Das Gemälde, von dem ich rede, ist ein Spiegel, und bisher ist es niemandem eingefallen, etwas daran auszusetzen; für alle, die es betrachten, ist es ein vollkommenes

nes Gemälde, gegen das es nichts einzuwenden gibt.

Man wird zweifellos zugeben, daß es unter die Wunderdinge der Landschaft, in der ich spazierengehe, zu rechnen ist.

Ich werde das Vergnügen mit Stillschweigen übergehen, das der Physiker empfindet, wenn er über die merkwürdigen Lichtphänomene nachdenkt, die alle Gegenstände auf dieser glänzenden Fläche naturgetreu nachbilden. Der Spiegel gibt dem seßhaften Reisenden Anlaß zu tausenderlei interessanten Überlegungen, zu tausenderlei Beobachtungen, die ihn zu einem nützlichen und kostbaren Gegenstand machen.

Ihr, die die Liebe regiert hat oder noch regiert, vernehmt, daß es ein Spiegel ist, vor dem sie ihre Pfeile spitzt und ihre Grausamkeiten ausheckt; dort übt sie ihre Manöver, studiert ihre Bewegungen, bereitet sich im voraus auf den Krieg vor, den sie zu erklären beabsichtigt; dort probt sie die sanften Blicke, die kleinen Koketterien, das kluge Schmollen, wie ein Schauspieler vorher alleine probt, ehe er öffentlich auftritt. Ein Spiegel ist immer unparteiisch und wahr und wirft dem Betrachter die Rosen der Jugend und die Falten des Alters zurück, ohne dabei jemanden in den Schatten zu stellen oder jemandem zu schmeicheln. – Er ist der einzige unter den Ratgebern

der

der Großen dieser Welt, der ihnen immer die Wahrheit sagt.

Dieser Vorteil ließ den Wunsch nach der Erfindung eines moralischen Spiegels in mir aufkommen, in dem sich alle Menschen mit ihren Lastern und Tugenden sehen könnten. Ich habe sogar daran gedacht, irgendeiner Akademie die Ausschreibung eines Preises für diese Entdekkung vorzuschlagen, als mich reifliche Überlegungen die Nutzlosigkeit erkennen ließen.

Ach, es ist so selten, daß die Häßlichkeit sich erkennt und den Spiegel zerbricht! Vergebens vervielfachen sich die Spiegel um uns herum und werfen mit geometrischer Genauigkeit das Licht und die Wahrheit zurück: in dem Augenblick, in dem die Strahlen in unsere Augen eindringen und uns so malen, wie wir sind, schiebt die Eigenliebe ihr trügerisches Prisma zwischen uns und unser Bild und zeigt uns eine Gottheit.

Und von all den Prismen, die es gegeben hat, seit dem ersten, das aus den Händen des unsterblichen *Newton* hervorging, hat keines eine so starke Brechungskraft besessen und so angenehme und lebhafte Farben erzeugt wie das Prisma der Eigenliebe.

Wenn aber schon die gewöhnlichen Spiegel ganz umsonst die Wahrheit zeigen und jeder mit seinem Gesicht zufrieden ist; wenn es ihnen nicht gelingt,

gelingt, die Menschen über ihre physischen Unvollkommenheiten aufzuklären, wozu diente dann mein moralischer Spiegel? Nur wenige würden hineinblicken, und niemand würde sich darin erkennen – mit Ausnahme der Philosophen. – Selbst daran zweifle ich etwas.

Ich hoffe, daß es mir niemand verargen wird, daß ich den Spiegel für das nehme, was er ist, und ihn über alle Gemälde der italienischen Schule gestellt habe. Damen, deren Geschmack nicht falsch sein kann und deren Entscheidung ausschlaggebend sein sollte, werfen für gewöhnlich beim Betreten einer Wohnung den ersten Blick auf dieses Gemälde.

Ich habe tausendmal gesehen, wie Damen und sogar Stutzer auf Bällen ihre Liebhaber oder Mätressen, den Tanz und alle Vergnügungen des Fests vergaßen, um mit einem erkennbaren Wohlgefallen dieses bezaubernde Gemälde zu betrachten, – und es selbst von Zeit zu Zeit während des leidenschaftlichsten Kontertanzes mit einem kurzen Blick zu würdigen.

Wer könnte ihm den Rang streitig machen, den ich ihm zwischen den Meisterwerken eines Apelles einräume?

KAP. XXVIII

## KAPITEL XXVIII

Endlich war ich ganz nahe bei meinem Schreibtisch angelangt; schon hätte ich, wenn ich meinen Arm ausgestreckt hätte, die mir am nächsten gelegene Ecke erreichen können, als ich die Stunde gekommen sah, wo ich die Frucht all meiner Mühen zerstören und das Leben verlieren würde. – Eigentlich sollte ich über den Unfall, der mir zustieß, Stillschweigen bewahren, um die Reisenden nicht zu entmutigen; aber es ist so schwierig, mit dem Postwagen, in dem ich reise, umzufallen, daß man gezwungen sein wird zuzugeben, es müsse in höchstem Maße unglücklich zugegangen sein, – so unglücklich, wie ich bin, – um in diese Gefahr zu geraten. Ich befand mich ausgestreckt auf dem Boden, völlig durchgeschüttelt, und das so unversehens, so unerwartet, daß ich versucht gewesen wäre, mein Unglück in Zweifel zu ziehen, wenn mich nicht ein Dröhnen im Kopf und ein heftiger Schmerz in der linken Schulter nur zu offensichtlich eines Besseren belehrt hätten.

Das war ein weiterer schlechter Streich *meiner Hälfte*. Durch die Stimme eines Bettlers, der plötzlich an meiner Tür um ein Almosen bat, und das

das Bellen Rosines erschreckt, drehte sie plötzlich meinen Sessel herum, ehe meine Seele noch Zeit gefunden hatte, sie zu warnen, daß hinter mir ein Ziegelstein fehlte; der Stoß war so heftig, daß mein Postwagen völlig das Gleichgewicht verlor und auf mich stürzte.

Dies war, ich gebe es zu, eine der Gelegenheiten, bei denen ich mich am meisten über meine Seele zu beklagen hatte; denn anstatt ärgerlich darüber zu sein, daß sie nicht bei der Sache gewesen war, und ihren Begleiter wegen seines überstürzten Handelns zurechtzuweisen, vergaß sie sich so weit, daß sie den *tierischsten* Groll entwickelte und den armen Unschuldigen mit Schimpfworten malträtierte.

»Faulpelz! Geh arbeiten!« sagte sie zu ihm (eine abscheuliche Anrede, die der geizige und grausame Reichtum erfunden hat!).

– Monsieur, sagte er da, um mich zu rühren, ich bin aus Chambéry...

– Um so schlimmer für dich.

– Ich bin Jacques; Sie haben mich auf den Feldern gesehen; ich führte die Schafe auf die Weide.

– Was machst du hier?«

Meine Seele begann, meine ersten heftigen Worte zu bereuen. – Ich glaube, daß es sie sogar schon einen Augenblick, ehe sie ihr entschlüpften, reute.

reute. Es war so, wie wenn man auf seinem Weg unerwartet an einen Graben oder ein Morastloch kommt: man sieht es, aber man kann nicht mehr ausweichen.

Rosine brachte mich endgültig zur Vernunft und zur Reue: sie hatte Jacques wiedererkannt, der oft sein Brot mit ihr geteilt hatte, und zeigte ihm durch ihre Liebkosungen, daß sie sich dankbar an ihn erinnerte.

Währenddessen hatte Joannetti die Reste meines Diners zusammengepackt, die eigentlich für das seine bestimmt gewesen waren, und gab sie ohne zu zögern Jacques.

Armer Joannetti!

Auf diese Weise erhalte ich auf meiner Reise durch meinen Dienstboten und meinen Hund Unterricht in Philosophie und Menschlichkeit.

## KAPITEL XXIX

Ehe ich weitergehe, will ich einen Zweifel zerstören, der sich im Kopf meiner Leser eingeschlichen haben könnte.

Ich möchte um alles in der Welt nicht, daß man mich verdächtigt, ich hätte diese Reise nur unternommen, weil ich nicht wüßte, was ich tun sollte,

und

und weil mich die Umstände in gewisser Weise dazu gezwungen hätten: hiermit versichere ich und schwöre bei allem, was mir teuer ist, daß ich den Plan zu dieser Reise schon lange vor dem Ereignis hatte, das mich meine Freiheit für zweiundvierzig Tage verlieren ließ. Diese erzwungene Abgeschiedenheit bot nur die Gelegenheit, mich früher auf den Weg zu machen.

Ich weiß, daß diese ungefragt abgegebene Versicherung manchen Personen verdächtig vorkommen wird; – aber ich weiß auch, daß mißtrauische Menschen dieses Buch gar nicht lesen werden: – sie sind mit sich und ihren Freunden schon genug beschäftigt; sie haben ganz andere Sorgen: – und die guten Menschen werden mir glauben.

Ich gebe indessen zu, daß ich es vorgezogen hätte, diese Reise zu einer anderen Zeit zu unternehmen, und daß ich dafür eher die Fastenzeit als die Fastnachtszeit gewählt hätte; aber die philosophischen Überlegungen, die mir der Himmel geschickt hat, haben mir sehr dabei geholfen, die Entbehrung der Vergnügungen, die Turin in diesen Augenblicken des Getümmels und Getriebes in Hülle und Fülle bietet, zu ertragen. – Ganz sicher, sagte ich mir, sind die Wände meines Zimmers nicht so prächtig geschmückt wie die eines Ballsaals; die Ruhe meiner *Klause* ist kein Ausgleich für den angenehmen Lärm der Musik und

und der Tänze; aber unter den hervorragenden Persönlichkeiten, die man auf diesen Festen antrifft, sind bestimmt viele, die sich mehr langweilen als ich.

Und warum sollte ich es mir angelegen sein lassen, diejenigen zu betrachten, die sich in einer angenehmeren Lage befinden, wo doch die Welt von Menschen wimmelt, die in der ihren unglücklicher sind als ich in der meinen? – Anstatt mich in Gedanken in diesen phantastischen *Ballsaal* zu versetzen, in dem so viele Schönheiten von der jungen Eugénie überschattet werden, brauche ich, um glücklich zu sein, nur einen Augenblick auf den Straßen anzuhalten, die dorthin führen. – Unter den Eingangsportalen dieser prunkvollen Wohnungen scheint ein Haufen halbnackter Unglücklicher nahe daran, vor Kälte und Hunger zu sterben. – Was für ein Schauspiel! Ich wünschte, die ganze Welt nähme diese Seite meines Buchs zur Kenntnis; ich wünschte, man wüßte, daß in dieser Stadt, in der alles Wohlleben atmet, während der kältesten Winternächte ein Haufen Unglücklicher unbedeckt, den Kopf an einen Prellstein oder die Schwelle eines Palais gelehnt, schläft.

Hier ist es eine Gruppe von Kindern, die sich aneinanderdrängt, um nicht vor Kälte zu sterben. – Dort ist es eine zitternde Frau, der die
Stimme

Stimme fehlt, um zu klagen. – Die Passanten kommen und gehen, ohne sich von einem Schauspiel rühren zu lassen, das sie gewohnt sind. – Der Lärm der Prachtkutschen, der Ruf der Zügellosigkeit, die bezaubernden Töne der Musik mischen sich manchmal unter die Schreie dieser Unglücklichen und erzeugen eine entsetzliche Dissonanz.

## KAPITEL XXX

Derjenige, der eine Stadt aufgrund des vorigen Kapitels beurteilen wollte, würde übereilt handeln. Ich habe von den Armen gesprochen, die man dort vorfindet, von ihren mitleiderregenden Schreien und der Gleichgültigkeit, die gewisse Personen ihnen gegenüber an den Tag legen; aber ich habe nichts gesagt über die vielen mildtätigen Menschen, die schlafen, während die anderen sich amüsieren, und die bei Tagesanbruch, ohne Zeugen und ohne damit zu prahlen, dem Unglück zu Hilfe eilen.

Nein, ich werde das nicht mit Stillschweigen übergehen: ich will es auf die Rückseite des Blatts schreiben, *das die ganze Welt lesen soll.*

Nachdem sie so ihre Güter mit ihren Brüdern geteilt

geteilt haben, nachdem sie den Balsam in diese
von Schmerz wunden Herzen gegossen haben,
begeben sie sich, während das ermüdete Laster
auf seinen Eiderdaunen schläft, in die Kirchen,
um Gott ihre Gebete darzubringen und ihm für
seine Wohltaten zu danken; in den heiligen Hallen
kämpft das Licht der einsamen Lampe noch mit
dem des heraufziehenden Tages, da knien sie
schon vor den Altären; – und der Ewige, erbittert über die Härte und den Geiz der Menschen,
hält den Blitz, den er losschleudern wollte, noch
einmal zurück.

## KAPITEL XXXI

Ich wollte auf meiner Reise etwas über die
Unglücklichen sagen, weil ihr Elend mich auf
meinem Weg öfter auf andere Gedanken gebracht hat. Manchmal war ich so betroffen über
den Unterschied zwischen ihrer und meiner
Lage, daß ich meinen Reisewagen plötzlich
anhielt und mir mein Zimmer in noch wundervollerem Licht erschien. Welch überflüssiger
Luxus! Sechs Stühle! Zwei Tische! Ein Schreibtisch! Ein Spiegel! Was für ein Prunk! Vor allem
mein Bett, mein Bett in Rosa und Weiß, und
meine

meine zwei Matratzen schienen es mit der Herrlichkeit und Bequemlichkeit der Monarchen Asiens aufnehmen zu können. – Diese Überlegungen machten mich den Vergnügungen gegenüber, die mir verboten waren, gleichgültig: und von Überlegung zu Überlegung bekam ich einen näheren Zugang zur Philosophie, so daß ich mich, selbst wenn ich im Nebenzimmer einen Ball hätte sehen oder die Töne von Geigen und Klarinetten hätte hören können, nicht von der Stelle gerührt hätte; – und wenn ich die melodiöse Stimme Marchesinis gehört hätte, diese Stimme, die mich so oft um den Verstand brachte, – ich hätte mich nicht in Bewegung gesetzt; ja, mehr noch, ich hätte die schönste Frau von Turin, Eugénie persönlich, von Kopf bis Fuß von den Händen Mademoiselle Rapous[2] herausgeputzt, ohne die geringste Gemütsbewegung sehen können. – Da bin ich mir jedoch nicht ganz sicher.

---

[2] Eine bekannte Putzmacherin zur Zeit der *Reise um mein Zimmer.*

KAP. XXXII

## KAPITEL XXXII

Aber, meine Herren, erlauben Sie mir die Frage, ob Sie sich beim Ballett und beim Lustspiel immer noch so gut amüsieren wie früher? – Was mich betrifft, so gestehe ich Ihnen: seit einiger Zeit flößen mir alle Gesellschaften mit vielen Personen Grauen ein. – Es überkommt mich dort ein düsterer Traum. – Ich strenge mich vergeblich an, ihn zu vertreiben, er kommt immer wieder, wie der *Athalies*. Das rührt vielleicht daher, daß die Seele, die heutzutage von unheilvollen Gedanken und herzzerreißenden Gemälden überschwemmt wird, überall traurige Themen entdeckt, – ähnlich einem verdorbenen Magen, der die gesündesten Nahrungsmittel in Gifte verwandelt. – Wie dem auch sei, hier ist mein Traum: – Wenn ich auf einer dieser Festveranstaltungen bin, umgeben von dieser liebenswürdigen, schöntuerischen Menge, die tanzt, die singt, – die bei Trauerspielen weint, die nichts als Freude, Offenheit und Herzlichkeit ausstrahlt, frage ich mich: – Wie wäre es, wenn in diese höfliche Gesellschaft plötzlich ein weißer Bär, ein Philosoph, ein Tiger oder irgendein anderes Tier dieser Art eindringen würde und, indem er ins
Orchester

Orchester hinaufkletterte, mit wütender Stimme brüllte:

»Unglückselige Menschen! Hört die Wahrheit aus meinem Mund: Ihr werdet unterdrückt, tyrannisiert, ihr seid unglücklich, ihr langweilt euch. Wacht auf aus eurer Lethargie!

Ihr Musiker, zerbrecht als erstes diese Instrumente auf euren Köpfen; jeder soll sich mit einem Dolch bewaffnen; denkt von nun an nicht mehr an Unterhaltung und Feste; steigt in die Logen hinauf, erwürgt alle; auch die Frauen sollen ihre unschuldigen Hände in Blut tauchen!

Geht, ihr seid *frei*, zerrt euren König vom Thron und euren Gott aus dem Allerheiligsten!«

Nun? Wie viele dieser *reizenden* Menschen werden das ausführen, was der Tiger gesagt hat? – Wie viele dachten vielleicht schon daran, ehe er auftauchte? Wer weiß es? – Tanzte man nicht vor fünf Jahren in Paris?[3]

»Joannetti, schließe die Fenster und die Türen. – Ich will das Licht nicht mehr sehen; niemand soll mein Zimmer betreten; leg mein Degen griffbereit zurecht, und du, verschwinde und komme mir nie wieder unter die Augen!«

---

[3] Man sieht, daß dieses Kapitel 1794 geschrieben wurde; es ist beim Lesen leicht zu erkennen, daß das Werk liegenblieb und wieder aufgenommen wurde.

KAP. XXXIII

## KAPITEL XXXIII

Nein, nein, Joannetti, bleibe; bleib hier, armer Junge; und du auch, meine Rosine; du, die meine Leiden errät und die sie durch ihre Liebkosungen mildert; komm, meine Rosine, komm. – Das V und Ruhetag.«

## KAPITEL XXXIV

Das Umkippen meines Postwagens hat dem Leser den Dienst erwiesen, meine Reise um ein gutes Dutzend Kapitel zu verkürzen, denn als ich mich wieder erhob, befand ich mich unmittelbar meinem Schreibtisch gegenüber, und ich hatte nicht mehr Zeit, die Überlegungen über die restlichen Stiche und Gemälde, wie ich es vorgehabt hatte, fortzuführen, was meine Abschweifung in die Malerei wohl noch mehr in die Länge gezogen hätte.

Wenn man also die Porträts von Raffael und seiner Geliebten, den Ritter d'Assas und die *Schäferin in den Alpen* rechts liegenläßt und links an der Fensterseite entlangfährt, entdeckt man

man meinen Schreibtisch: Er ist der erste und auffälligste Gegenstand, der sich den Blicken des Reisenden bietet, wenn er dem angegebenen Weg folgt.

Er wird überragt von einigen Fächern, die als Bibliothek dienen; – das Ganze wird gekrönt von einer Büste, die den Abschluß der Pyramide bildet, und das ist der Gegenstand, der am meisten zur Verschönerung der Landschaft beiträgt.

Zieht man auf der rechten Seite die erste Schublade auf, so findet man dort Schreibzeug, Papier aller Art, vorgeschnittene Federn und Siegelwachs. – Das alles würde den trägsten Menschen zum Schreiben verführen. – Ich bin sicher, meine teure Jenny, daß du, wenn du diese Schublade zufällig öffnen könntest, meinen Brief vom letzten Jahr beantworten würdest. – In der entsprechenden Schublade auf der anderen Seite ruht ungeordnet übereinandergehäuft das Material zu der herzergreifenden Geschichte der *Gefangenen von Pignerol*, die ihr, meine lieben Freunde, bald lesen werdet.[4]

Zwischen diesen beiden Schubladen ist eine Vertiefung, in die ich alle Briefe nach Erhalt hineinwerfe: man findet dort sämtliche Briefe, die ich

---

[4] Der Autor hat nicht Wort gehalten, und wenn etwas unter diesem Titel erschienen sein sollte, erklärt der Autor der *Reise um mein Zimmer*, daß er nichts damit zu tun hat.

in den letzten zehn Jahren bekommen habe; die ältesten sind nach dem Datum in Bündeln geordnet; die neueren liegen durcheinander; ich habe mehrere, die aus meiner frühen Jugend stammen.

Welches Vergnügen, in diesen Briefen die interessanten Stationen unserer jungen Jahre wiederzuentdecken, von neuem in diese glücklichen Zeiten, die wir nie wiedersehen werden, zurückversetzt zu werden!

Ach, wie voll mein Herz ist! Wie traurig ist ihm in seiner Freude zumute, wenn meine Augen die Zeilen lesen, die ein Mensch geschrieben hat, der nicht mehr lebt! Es sind seine Schriftzüge, sein Herz hat ihm die Hand geführt, als er diesen Brief an mich schrieb, und dieser Brief ist alles, was mir von ihm geblieben ist!

Wenn ich mit meiner Hand in diese Schatzkammer fasse, kommt es selten vor, daß ich sie vor dem Abend wieder herausnehme. Auf diese Weise durchquert der Reisende ein paar Provinzen Italiens, indem er in aller Eile einige oberflächliche Beobachtungen macht, um sich dann monatelang in Rom niederzulassen. – Dies ist die reichste Ader des Bergwerks, das ich ausbeute. Welche Veränderungen meiner Gedanken und meiner Gefühle! Welche Wandlungen bei meinen Freunden! Wenn ich sie damals und heute betrachte, sehe ich sie seinerzeit sterblich verliebt

verliebt in Pläne, die sie heute nicht mehr berühren. Wir hielten irgendein Ereignis für ein großes Unglück; aber das Ende des Briefes fehlt, und so ist das Ereignis völlig vergessen: ich kann nicht mehr in Erfahrung bringen, um was es ging. – Wir litten unter tausend Vorurteilen; die Welt und die Menschen waren uns gänzlich unbekannt; aber auch was für eine Glut in unserem Austausch! Was für eine intime Beziehung! Was für ein grenzenloses Vertrauen!

Wir waren glücklich durch unsere Irrtümer. – Und heute... – Ach! Es ist nicht mehr das gleiche; wir mußten, wie die anderen, in den Herzen der Menschen lesen; und die Wahrheit, die wie eine Bombe mitten zwischen uns einschlug, hat den zauberhaften Palast der Illusionen für immer zerstört.

## KAPITEL XXXV

Es läge in meiner Hand, über die vertrocknete Rose, die hier zu sehen ist, zu schreiben, wenn der Gegenstand dies verdiente: es ist eine Blume vom Karneval des vergangenen Jahres. Ich bin selbst in die Gewächshäuser von Valentin gegangen, um sie zu pflücken, und am Abend, eine Stunde vor dem

dem Ball, überreichte ich sie hoffnungsvoll und angenehm erregt Madame de Hautcastel. Sie nahm sie, – und legte sie, ohne sie oder auch nur mich anzusehen, auf ihren Toilettentisch. – Aber wie hätte sie mir auch Aufmerksamkeit schenken sollen? Sie war damit beschäftigt, sich selbst zu betrachten. Sie stand aufgeputzt vor einem Spiegel und legte letzte Hand an ihre Toilette; sie war so sehr beschäftigt, so völlig in Anspruch genommen von den Bändern und Schleiern und dem Flitterzeug aller Art, das vor ihr aufgehäuft war, daß ich nicht einmal einen Blick, ein Zeichen erhielt. – Ich fand mich damit ab: ergeben hielt ich in meiner Hand Nadeln bereit; aber da das Nadelkissen griffbereiter war, holte sie sie von ihrem Nadelkissen, – und wenn ich ihr meine Hand hinstreckte, nahm sie die Nadeln eben aus meiner Hand – es war ihr gleichgültig; – und um sie zu nehmen, tastete sie danach, ohne die Augen von ihrem Spiegel abzuwenden, aus Angst, sich aus dem Blick zu verlieren.

Eine Zeitlang hielt ich einen zweiten Spiegel hinter sie, damit sie ihre Toilette besser beurteilen konnte; und da sich ihr Gesicht vom einen Spiegel zum anderen abspiegelte, sah ich eine Wiederholung von Koketten, von denen mir keine Beachtung schenkte. Kurzum – soll ich es gestehen? –, wir, meine Rose und ich, gaben ein sehr trauriges Bild ab.

Schließlich

Schließlich verlor ich die Geduld, und weil ich meinen Unwillen nicht länger bezähmen konnte, legte ich den Spiegel, den ich in der Hand hielt, weg und ging mit zorniger Miene und ohne mich zu verabschieden.

»Sie gehen?« fragte sie mich, während sie sich zur Seite drehte, um ihre Figur im Profil zu betrachten.

Ich gab keine Antwort, aber ich lauschte einige Zeit an der Tür, um zu hören, welchen Eindruck mein plötzlicher Aufbruch hinterließ.

»Siehst du nicht, sagte sie nach einer kurzen Pause zu ihrer Kammerzofe, siehst du nicht, daß dieser Caraco viel zu weit ist, vor allem unten, und daß man dort mit Nadeln eine Falte abstecken muß?«

Wie und warum die vertrocknete Rose sich hier in einem Fach meines Schreibtischs befindet, werde ich bestimmt nicht sagen, denn ich habe ja erklärt, daß eine vertrocknete Rose kein Kapitel verdient.

Beachten Sie bitte, meine Damen, daß ich keinerlei Bemerkung über das Abenteuer mit der vertrockneten Rose mache. Ich sage weder, ob Madame de Hautcastel gut oder schlecht daran getan hätte, mich ihrer Toilette vorzuziehen, noch, ob ich das Recht hatte, besser empfangen zu werden.

Noch

Noch sorgfältiger hüte ich mich, daraus verallgemeinernde Schlüsse über die Tatsache, die Stärke und die Dauer der Zuneigung der Damen für ihre Freunde zu ziehen. – Ich begnüge mich damit, dieses Kapitel (denn es ist eines) zusammen mit dem Rest der Reise in diese Welt zu werfen, ohne es an jemanden zu adressieren, ohne es jemandem zu empfehlen.

Aber für Sie, meine Herren, will ich einen Rat anfügen: Seien Sie sich klar darüber, daß Ihre Mätresse an einem Balltag nicht mehr Ihnen gehört.

In dem Augenblick, wo die Toilette beginnt, ist der Liebhaber nur noch ein Ehemann, und der Ball wird zum einzigen Liebhaber.

Jedermann weiß im übrigen, was ein Ehemann gewinnt, wenn er sich Liebe erzwingen will; nehmen Sie also Ihr Mißgeschick geduldig und lächelnd hin.

Und machen Sie sich keine Illusionen, mein Herr: wenn man Sie gerne auf dem Ball sieht, dann nicht in ihrer Eigenschaft als Liebhaber, denn Sie sind ein Ehemann; sondern nur, weil Sie an dem Ball teilnehmen und weil Sie deshalb ein Bruchteil der möglichen neuen Eroberungen sind; Sie sind ein *Zehntel*-Liebhaber; oder vielleicht werden Sie auch nur geduldet, weil Sie gut tanzen und der Dame zu Glanz verhelfen;

das

das Schmeichelhafteste, was dieser gute Empfang, den sie Ihnen bereitet, für Sie bedeuten kann, ist, daß sie, indem sie einen verdienstvollen Mann wie Sie zu ihrem Liebhaber erklärt, erhofft, die Eifersucht ihrer Gefährtinnen zu wecken; ohne diesen Beweggrund würde sie Sie überhaupt nicht beachten.

Soviel ist also klar; Sie werden sich bescheiden und abwarten müssen, bis Ihre Ehemannsrolle vorüber ist. – Ich kenne mehr als einen, der gerne so billig davonkommen würde.

## KAPITEL XXXVI

Ich habe einen Dialog zwischen mir und dem *Anderen* versprochen; aber es gibt gewisse Kapitel, die mir entwischen, oder vielmehr, es gibt andere, die mir, wie gegen meinen Willen, aus der Feder fließen und die meine Pläne vereiteln: von dieser Art ist das über meine Bibliothek, das ich so kurz wie möglich machen will. – Die zweiundvierzig Tage werden bald zu Ende sein, und der ganze verbleibende Zeitraum würde nicht ausreichen, um die Beschreibung der reichen Landschaft, in der ich so angenehm herumreise, zu vollenden.

Meine

Meine Bibliothek besteht aus Romanen, ich muß es Ihnen gestehen – ja, aus Romanen und einigen auserlesenen Dichtern.

Als hätte ich nicht genug an meinen eigenen Leiden, teile ich auch noch freiwillig die von tausend erdachten Figuren, und ich empfinde sie ebenso lebhaft wie meine eigenen: Wie viele Tränen habe ich nicht schon über die unglückliche Clarissa und den Liebhaber Lottes vergossen.

Aber bei der Suche nach erfundenen Kümmernissen begegnen mir in dieser erdichteten Welt die Tugend, die Güte, die Uneigennützigkeit, die ich in der wirklichen Welt, in der ich lebe, noch nie zusammen angetroffen habe. – Ich finde hier eine Frau, wie ich sie mir wünsche, ohne Launen, ohne Leichtsinn, ohne Falsch: von der Schönheit rede ich nicht; man kann sich auf meine Vorstellungsgabe verlassen: ich mache sie so schön, daß nichts gegen sie vorgebracht werden kann. Und dann schließe ich das Buch, das mir nichts mehr zu sagen hat, ich nehme die Frau an der Hand und reise mit ihr zusammen durch das Land, das tausendmal köstlicher ist als der Garten Eden. Welcher Maler könnte eine so zauberhafte Landschaft darstellen wie die, in die ich die Göttin meines Herzens versetzt habe? Und welcher Dichter könnte je die lebhaften und unterschiedlichen

lichen Gefühle beschreiben, die ich in diesen zauberhaften Regionen empfinde?

Wie viele Male habe ich nicht diesen *Cleveland* verdammt, der sich jeden Augenblick in neue Mißgeschicke verwickelt, die er vermeiden könnte! – Ich kann dieses Buch und diese Kette von Unglücksfällen nicht ertragen; aber wenn ich es aus Gedankenlosigkeit einmal aufschlage, muß ich es bis zum Ende verschlingen.

Wie könnte ich diesen armen Kerl bei den Abaquis lassen? Was würde unter den Wilden aus ihm werden? Und noch weniger würde ich es wagen, ihn auf der Wanderung im Stich zu lassen, die er unternimmt, um der Gefangenschaft zu entkommen.

Ich nehme tatsächlich so teil an seinen Leiden, ich interessiere mich so sehr für ihn und seine unglückliche Familie, daß das unerwartete Auftauchen der wilden Ruintons mir die Haare zu Berge stehen läßt: kalter Schweiß bedeckt mich, wenn ich diese Passage lese, und meine Angst ist ebenso lebhaft und echt, als sollte ich selbst von diesem Pack geröstet und gefressen werden.

Wenn ich genug geweint und geliebt habe, suche ich irgendeinen Dichter und breche erneut in eine andere Welt auf.

KAP. XXXVII

## KAPITEL XXXVII

Von der Fahrt der Argonauten bis zur Versammlung der Notabeln, vom tiefsten Grund der Hölle bis zum letzten Fixstern jenseits der Milchstraße, bis zu den Pforten des Chaos reicht das weite Feld, in dem ich der Länge und Breite nach und in aller Muße herumreise; denn es mangelt mir ebensowenig an Zeit wie an Raum. Dorthin verlagere ich mein Leben in der Nachfolge Homers, Miltons, Vergils, Ossians etc.

Alle Ereignisse, die sich zwischen diesen beiden Epochen zugetragen haben, alle Länder, alle Welten und alle Wesen, die zwischen diesen beiden Endpunkten existiert haben, all das gehört mir, all das ist ebenso rechtmäßig mein Eigentum wie die Schiffe, die in den Piräus einliefen, irgendeinem Athener gehörten.

Ich liebe vor allem die Dichter, die mich in das tiefste Altertum versetzen: Der Tod des ehrgeizigen Agamemnon, der Wahnsinn Orests und die ganze tragische Familiengeschichte der Atriden, die vom Himmel verfolgt wurden, jagen mir einen Schrecken ein, den die Ereignisse der heutigen Zeit nicht in mir hervorzurufen vermögen.

Da

Da ist die unselige Urne, die die Asche Orests enthält. Wer schauderte nicht bei ihrem Anblick? Elektra! Unglückliche Schwester, beruhige dich: es ist Orest selbst, der die Urne bringt, und die Asche darin ist die seiner Feinde!

Man findet in unseren Tagen keine Ufer mehr, die denen des Xanthos und des Skamanders gleichen; – man sieht keine Ebenen mehr wie die Hesperiens und Arkadiens. Wo sind heute die Inseln von Lemnos und Kreta? Wo ist das berühmte Labyrinth? Wo ist der Felsen, den die verlassene Ariadne mit ihren Tränen netzte? – Man sieht keine Männer mehr wie Theseus und noch weniger wie Herkules; die Männer und selbst die Helden von heute sind Pygmäen.

Wenn ich mir danach eine begeisternde Szene verschaffen und meiner Phantasie reichlich Nahrung geben will, so klammre ich mich in dem Augenblick mutig an die Falten des wallenden Gewandes des erhabenen Blinden von Albion, wo dieser sich in den Himmel aufschwingt und es wagt, sich dem Thron Gottes zu nähern. – Welche Muse konnte ihm in diesen Höhen Kraft geben, in die vor ihm kein Mensch seine Blicke zu erheben wagte? – Von den blendenden Vorhallen des Himmels, die der geizige Mammon mit den Augen des Neids betrachtete, gelange ich mit Entsetzen in die gewaltigen Höhlen der Wohnstatt Satans;

Satans; ich nehme an dem Höllenrat teil, ich mische mich unter die Menge der Teufel und höre ihren Reden zu.

Aber ich muß an dieser Stelle eine Schwäche bekennen, die ich mir oft vorgeworfen habe.

Ich konnte nicht umhin, diesem armen Satan, seit er so vom Himmel herabgestürzt ist, eine gewisse Teilnahme entgegenzubringen (ich rede von Miltons Satan). Auch wenn ich den Starrsinn des aufrührerischen Geistes mißbillige, muß ich gestehen, daß mir die Entschlossenheit, die er im äußersten Unglück zeigt, und die Größe seines Muts, gegen meinen Willen, Bewunderung abnötigen. – Obwohl mir die unglücklichen Folgen der verhängnisvollen Unternehmung, die ihn dazu brachte, die Pforten der Hölle zu sprengen, um den Hausfrieden unserer ersten Vorfahren zu stören, nicht unbekannt sind, gelingt es mir nicht, gleich, was ich tue, auch nur einen Moment lang zu wünschen, ihn auf dem Weg durch die Wirrnis des Chaos untergehen zu sehen. Ich glaube sogar, wenn mich die Scham nicht zurückhielte, würde ich ihm bereitwillig zu Hilfe eilen. Ich folge allen seinen Bewegungen, und ich empfinde ein ebenso großes Vergnügen daran, mit ihm zu reisen, als befände ich mich in guter Gesellschaft. Ich kann mir, solange ich will, sagen, daß er trotz allem ein Teufel ist und daß er unterwegs ist, um das Menschengeschlecht

Menschengeschlecht zu verderben; daß er ein echter Demokrat ist, nicht einer von denen in Athen, sondern einer von denen in Paris, aber all das kann mich nicht von meiner vorgefaßten Meinung abbringen.

Welch weitreichender Plan! Und welche Kühnheit der Ausführung!

Als sich die weiten dreiteiligen Pforten der Hölle plötzlich sperrangelweit vor ihm auftaten und der tiefe Graben des Nichts und der Nacht in seinem ganzen Schrecken zu seinen Füßen erschien, – überschaute er mit einem kühnen Blick das dunkle Reich des Chaos und stürzte sich, indem er seine weiten Flügel, die eine ganze Armee hätten bedecken können, ausspannte, ohne zu zögern in den Abgrund.

Ich kenne keine größere Kühnheit. – Und das ist meiner Meinung nach eine der schönen Wirkungen der Einbildungskraft, ebenso wie es eine der schönsten Reisen ist, die je gemacht wurden, – nach der Reise um mein Zimmer.

KAP. XXXVIII

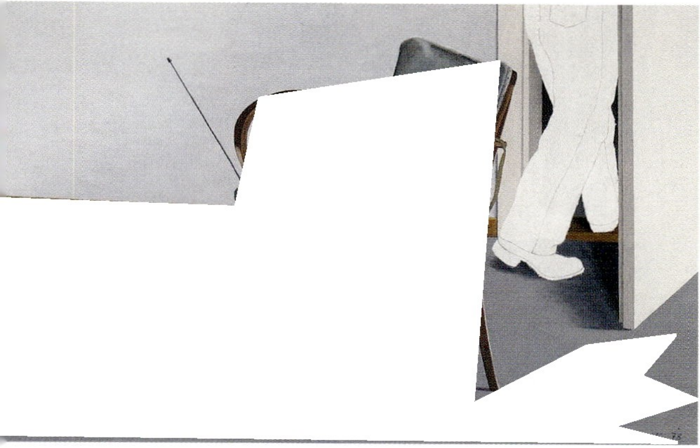

## KAPITEL XXXVIII

Ich würde nie zum Ende kommen, wenn ich auch nur den tausendsten Teil der besonderen Ereignisse beschreiben wollte, die mir zustoßen, wenn ich in der Nähe meiner Bibliothek reise; die Reisen von Cook und die Beobachtungen seiner Reisegefährten, der Doktoren Banks und Solander, sind nichts im Vergleich mit meinen Abenteuern in diesem einzigen Gebiet. Ich glaube, daß ich mein Leben hier in einer Art Entrückung verbrächte, ohne die Büste, die ich erwähnt habe und auf die sich meine Gedanken und meine Blicke schließlich immer wieder heften, gleich, wie die Verfassung meiner Seele sein mag; und wenn sie zu heftig erregt ist oder sich der Entmutigung überläßt, brauche ich nur diese Büste anzuschauen, und schon ist die Seele wieder ins Gleichgewicht gebracht: die Büste ist die Stimmgabel, mit der ich das wandelbare und unharmonische Gemisch der Gefühle und Wahrnehmungen, das mein Leben ausmacht, in Einklang bringe.

Wie ähnlich sie ist! – Das sind die Züge, die die Natur dem tugendhaftesten aller Menschen gegeben hat. Ach, hätte der Bildhauer seine vortreffliche

treffliche Seele, sein Genie und seinen Charakter sichtbar machen können! – Aber was habe ich getan? Ist hier der Ort, eine Lobrede auf ihn zu halten? Richte ich sie an die Menschen, die mich umgeben? Ach, was geht sie das an?

Ich begnüge mich damit, vor deinem geliebten Bild auf die Knie zu fallen, o du, bester aller Väter! Leider ist dieses Bild alles, was mir von dir geblieben ist: Du hast die Erde in dem Moment verlassen, als das Verbrechen begann, sie zu überfluten; und die Übel, mit denen es uns niederdrückt, sind so, daß selbst deine Familie dein Hinscheiden heute als ein Glück betrachten muß. Wie viele Übel hättest du in einem längeren Leben ertragen müssen! O mein Vater, ist das Schicksal deiner zahlreichen Familie in den glücklichen Gefilden zu dir gedrungen? Weißt du, daß deine Kinder aus diesem Vaterland verbannt sind, dem du sechzig Jahre lang mit so großer Hingabe und so großer Rechtschaffenheit gedient hast? Weißt du, daß es ihnen verboten ist, dein Grab zu besuchen? – Aber die Tyrannei hat ihnen nicht das kostbarste Teil deines Erbes nehmen können, die Erinnerung an deine Tugenden und die Stärke deines Vorbilds: mitten in dem verbrecherischen Sturzbach, der ihr Vaterland und ihr Vermögen in den Abgrund riß, sind sie unbeirrt gemeinsam der Linie gefolgt, die du ihnen vorgezeichnet hast;
und

und wenn sie sich einmal wieder über deiner verehrten Asche werden niederknien können, wird diese sie immer wiedererkennen.


## KAPITEL XXXIX

Ich habe einen Dialog versprochen, ich halte Wort.

Es war eines Morgens, bei Tagesanbruch: Die Strahlen der Sonne vergoldeten den Gipfel des Monte Viso und die der höchsten Berge der Insel, die unseren Antipoden gehört; und schon war *es* wach, sei es, daß sein vorzeitiges Erwachen die Wirkung nächtlicher Phantasien war, die es häufig in eine ebenso ermüdende wie sinnlose Erregung versetzten; sei es, daß der Karneval, der allmählich seinem Ende zuging, der geheime Grund seines Erwachens war, denn diese Zeit der Lust und Tollheit hat genauso einen Einfluß auf die menschliche Maschine wie die Mondphasen oder die Konjunktion gewisser Planeten. – Kurz, *es* war wach, und sogar sehr wach, als meine Seele sich aus den Fesseln des Schlafs befreite.

Seit langem teilte diese verschwommen die Empfindungen des *Anderen*; aber sie war noch in die Schleier der Nacht und des Schlafs verstrickt;

strickt; und diese Schleier schienen sich ihr in Gaze, Schlick und blaue Tücher zu verwandeln. – Meine arme Freundin war also wie eingepackt in dieses ganze Zeug, und der Gott des Schlafs fügte, um sie in seinem Reich zurückzuhalten, weitere Fesseln hinzu, wirre Flechten blonder Haare, Bandschleifen und Perlenketten: es war ein Jammer, ihr dabei zuzusehen, wie sie sich in den Netzen wand.

Die Erregung meines edelsten Teils übertrug sich auf das *Andere*, und dieses seinerseits wirkte kräftig auf meine Seele ein. – Ich befand mich in einem schwer zu beschreibenden Zustand, als schließlich meine Seele, sei es aus Klugheit, sei es aus Zufall, einen Weg fand, sich aus der Gaze, die sie zu ersticken drohte, zu befreien. Ich weiß nicht, ob sie eine Öffnung entdeckte oder ob sie einfach wagte, sie hochzuheben, was natürlicher wäre: jedenfalls fand sie den Ausgang des Labyrinths. Die wirren Haarflechten waren immer noch da, aber sie waren kein *Hindernis* mehr, sondern eher ein *Hilfsmittel*; meine Seele griff danach, wie ein Mensch, der am Ertrinken ist, sich am Gras des Ufers festklammert; aber die Perlenkette riß bei dieser Aktion, und die einzelnen Perlen rollten auf das Sofa und von dort auf den Parkettboden von Madame de Hautcastel, denn meine Seele glaubte, aufgrund einer bizarren

ren Einbildung, über die man nur schwer Rede und Antwort stehen könnte, sie sei bei dieser Dame; ein großer Veilchenstrauß fiel auf die Erde, und meine Seele, die dabei erwachte, kehrte nach Hause zurück, mit der Vernunft und der Wirklichkeit im Gefolge. Wie man sich vorstellen kann, mißbilligte sie alles, was sich während ihrer Abwesenheit abgespielt hatte, heftig; und hier setzt der Dialog ein, der Gegenstand dieses Kapitels ist.

Noch nie wurde meine Seele so schlecht empfangen. Die Vorwürfe, die sie in diesem kritischen Moment zu machen wagte, brachten das Hauswesen vollends durcheinander; es gab einen Aufstand, eine förmliche Rebellion.

»Wie? sagte meine Seele, anstatt deine Kräfte durch einen ruhigen Schlaf wiederherzustellen und dich so zur Ausführung meiner Befehle zu stärken, wagst du es, während meiner Abwesenheit in *unverschämter* Weise (der Ausdruck war etwas stark) dich Aufwallungen hinzugeben, die mein Wille nicht sanktioniert hat?«

Wenig gewohnt an diesen herrischen Ton, erwiderte ihr das *Andere* im Zorn:

»Es steht Ihnen gut, MADAME (um der Unterhaltung jeden Gedanken an Vertraulichkeit zu nehmen), es steht Ihnen gut, sich den Anschein von Anstand und Tugend zu geben. Sind

Sind nicht die Abschweifungen Ihrer Phantasie und Ihrer extravaganten Gedanken schuld an allem, was Ihnen an mir mißfällt? Warum waren Sie nicht da? – Warum haben Sie das Recht, sich ohne mich auf den zahlreichen Reisen zu vergnügen, die Sie ganz alleine unternehmen? – Habe ich jemals Ihre Aufenthalte im Himmel oder auf den elysischen Feldern getadelt, Ihre Unterhaltungen mit den geistigen Wesen, Ihre tiefschürfenden Spekulationen (etwas Spott, wie man sieht), Ihre Luftschlösser in Spanien, Ihre erhabenen Theorien? Und ich soll nicht das Recht haben, während Sie mich so alleine zurücklassen, die Wohltaten, die mir die Natur gewährt, und die Vergnügungen, die sie mir bietet, zu genießen?«

Verwundert über so viel Heftigkeit und Beredsamkeit, wußte meine Seele nicht, was sie antworten sollte. – Um die Sache abzutun, wollte sie die Vorwürfe, die es soeben zu äußern gewagt hatte, mit dem Schleier des Wohlwollens überdecken; und um nicht den Anschein zu erwecken, selbst den ersten Schritt zur Versöhnung zu machen, wählte sie ebenfalls einen förmlichen Ton.

»MONSIEUR, sagte sie ihrerseits mit einer gekünstelten Herzlichkeit ... – (Wenn der Leser diese Anrede schon unangebracht fand, als sie an meine Seele gerichtet war, was wird er dann jetzt sagen,

sagen, vor allem wenn er sich an den Gegenstand dieser Diskussion erinnert? – Meine Seele empfand nicht, wie lächerlich diese Art zu reden war, so sehr verdunkelt die Leidenschaft den Verstand!) – MONSIEUR, sagte sie also, ich versichere Ihnen, daß mir nichts ein größeres Vergnügen bereiten würde, als Sie alle Vergnügungen auskosten zu sehen, zu denen Ihre Natur Sie befähigt, auch wenn ich sie nicht teile, aber da sie schädlich für Sie sind und die Harmonie stören, die ...«

An dieser Stelle wurde meine Seele abrupt unterbrochen: – »Nein, nein, ich falle nicht mehr auf Ihr angebliches Wohlwollen herein: – der erzwungene Aufenthalt gemeinsam in diesem Zimmer, in dem wir herumreisen; die Wunde, die ich erhalten habe, die mich fast umgebracht hätte und die immer noch blutet; – das alles ist doch nur die Frucht Ihres übersteigerten Stolzes und Ihrer grausamen Vorurteile! Mein Wohlbefinden und selbst meine Existenz zählen nicht, wenn Ihre Leidenschaften Sie mitreißen, – und Sie behaupten, Sie interessierten sich für mich und Ihre Vorwürfe beruhten auf Freundschaft?«

Meine Seele sah genau, daß sie bei dieser Gelegenheit nicht die beste Rolle spielte; – sie bemerkte im übrigen gerade, daß die Heftigkeit der Diskussion den Anlaß derselben in den Hintergrund gedrängt hatte, und sie nutzte diesen Umstand

Umstand für eine Ablenkung: »Mach Kaffee«, sagte sie zu Joannetti, der ins Zimmer kam. – Das Klirren der Tassen nahm die ganze Aufmerksamkeit des *Unterdrückten* in Anspruch, und im Nu vergaß es alles. So, wie man Kindern ein Spielzeug zeigt, um sie die ungesunden Früchte vergessen zu lassen, nach denen sie ungeduldig verlangen, indem sie mit den Füßen stampfen.

Ich fiel in einen Halbschlaf, während das Wasser heiß gemacht wurde. – Ich kostete das reizende Vergnügen aus – ich habe es meinen Lesern geschildert –, das man empfindet, wenn man spürt, daß man schläft. Der angenehme Lärm, den Joannetti machte, als er mit der Kaffeekanne an den Feuerbock stieß, hallte in meinem Kopf wider und brachte alle Fasern meiner Empfindungsfähigkeit zum Vibrieren, so wie die Erschütterung einer Harfensaite die Oktaven mitschwingen läßt. – Schließlich sah ich etwas wie einen Schatten vor mir; ich öffnete die Augen, es war Joannetti. – Ach, was für ein Duft, was für eine angenehme Überraschung! Kaffee, Sahne, eine Pyramide aus geröstetem Brot! – Geneigter Leser, frühstücke mit mir.

KAP. XL

## KAPITEL XL

Welch reichen Schatz an Genüssen hält die gütige Natur für die Menschen bereit, deren Herz zu genießen versteht! Und welche Mannigfaltigkeit von Genüssen! Wer könnte ihre zahllosen Spielarten in den verschiedenen Menschen und den verschiedenen Lebensepochen zählen? Die verworrene Erinnerung an diejenigen meiner Jugend lassen mich heute noch zittern. Soll ich versuchen, die Genüsse zu beschreiben, die ein junger Mensch empfindet, dessen Herz mit allen Feuern des Gefühls zu brennen beginnt? In diesem glücklichen Alter, in dem man den Egoismus, den Ehrgeiz, den Haß und alle beschämenden Gefühle, die die Menschheit entwürdigen und verwirren, nur dem Namen nach kennt, in diesem Alter, das leider zu kurz ist, strahlt die Sonne in einem Glanz, den man nachher nie mehr wiederfindet. Die Luft ist reiner; – die Quellen sind klarer und frischer; die Natur hat Gesichter, das Gebüsch hat Pfade, die man im reifen Alter nicht mehr findet. Gott! Welchen Duft verströmen die Blumen, wie köstlich sind die Früchte! Mit welchen Farben schmückt sich die Morgenröte! – Alle Frauen sind liebenswert und treu; alle Männer

ner gut, edel und feinfühlig: überall begegnet man nur Herzlichkeit, Aufrichtigkeit, Uneigennützigkeit; in der Natur gibt es nichts als Blumen, Tugenden und Vergnügen.

Der Aufruhr der Liebe, die Hoffnung auf Glück: überschwemmen sie nicht unser Herz mit Gefühlen, die ebenso lebhaft wie mannigfaltig sind?

Das Schauspiel der Natur und ihre Betrachtung im Großen wie im Kleinen eröffnen dem Verstand ein ungeheures Betätigungsfeld für den Genuß. Bald überschaut die Phantasie diesen Ozean der Vergnügungen, und sie vermehrt deren Zahl und Intensität; unterschiedliche Empfindungen vereinen und verbinden sich und nehmen neue Formen an; Träume vom Ruhm mischen sich unter das Herzklopfen der Liebe; die Mildtätigkeit geht an der Seite der Eigenliebe, die ihr die Hand reicht; die Melancholie wirft von Zeit zu Zeit ihren feierlichen Schleier über uns und verwandelt unsere Tränen in Freude. – Kurz, die Wahrnehmungen des Geistes, die Empfindungen des Herzens, selbst die Erinnerungen der Sinne sind für den Menschen unerschöpfliche Quellen der Freude und des Glücks.

Man wundere sich deshalb nicht, daß der Lärm, den Joannetti machte, als er mit der Kaffeekanne an den Feuerbock stieß, und der unerwartete Anblick

Anblick einer Tasse mit Sahne einen so lebhaften und angenehmen Eindruck auf mich machten.

## KAPITEL XLI

Ich legte gleich darauf mein *Reisegewand* an, nachdem ich es wohlgefällig gemustert hatte; und bei dieser Gelegenheit beschloß ich, ein Kapitel zu machen, um es dem Leser zu beschreiben. Da das Aussehen und die Nützlichkeit solcher Kleidungsstücke im allgemeinen bekannt sind, werde ich im besonderen ihren Einfluß auf den Geist des Reisenden behandeln. – Mein Reisegewand für den Winter ist aus dem wärmsten und leichtesten Stoff gefertigt, den ich finden konnte; es hüllt mich von Kopf bis Fuß vollständig ein; und wenn ich in meinem Sessel bin, die Hände in den Taschen und den Kopf in den Kragen des Reisegewands vergraben, gleiche ich der handlosen und fußlosen Statue Wischnus, die man in den Pagoden Indiens sieht.

Man mag es als ein Vorurteil ansehen, wenn ich dem Reisegewand einen Einfluß auf den Reisenden zubillige; was ich in dieser Beziehung jedoch mit Gewißheit sagen kann, ist, daß es mir ebenso lächerlich vorkäme, auch nur einen Schritt auf der

der Reise um mein Zimmer in meiner Uniform, mit dem Degen an der Seite, zurückzulegen, wie im Hausmantel auszugehen und an Gesellschaften teilzunehmen. – Wenn ich mich so nach allen Regeln der Ordnung gekleidet sähe, wäre ich nicht nur nicht in der Lage, meine Reise fortzusetzen, nein, es wäre mir auch nicht möglich, das zu lesen, was ich bis jetzt darüber geschrieben habe, und noch weniger, es zu verstehen.

Erstaunt Sie das etwa? Sieht man nicht alle Tage Leute, die glauben, sie seien krank, weil ihr Bart zu lang ist oder weil es jemandem einfällt zu finden, sie sähen krank aus, und er dies äußert? Die Kleidung hat einen so großen Einfluß auf die Menschen, daß es Kranke gibt, die sich wesentlich besser fühlen, wenn sie sich in einem neuen Rock und einer gepuderten Perücke sehen: ja, man sieht Menschen, die auf diese Weise die Öffentlichkeit und sich selbst durch ein herausgeputztes Äußeres täuschen; – sie sterben eines schönen Morgens, frisch frisiert, und alle Welt ist über ihren Tod überrascht.

Manchmal vergaß man, den Grafen von ... mehrere Tage vorher davon in Kenntnis zu setzen, daß er auf Wache ziehen mußte. – Ein Korporal kam in aller Frühe, am Tag selbst, an dem er ziehen sollte, um ihn zu wecken und ihm die traurige Nachricht zu überbringen; aber

der

der Gedanke, sofort aufzustehen, seine Gamaschen anzulegen und loszugehen, ohne am Abend vorher daran gedacht zu haben, brachte ihn so aus der Fassung, daß er lieber ausrichten ließ, er sei krank, und das Haus nicht verließ. Er zog also den Hausmantel an und schickte den Perückenmacher wieder weg; das gab ihm ein bleiches, krankes Aussehen, was wiederum seine Frau und die ganze Familie beunruhigte. – Er selbst fühlte sich tatsächlich an diesem Tag *etwas mitgenommen*.

Er sagte es aller Welt, ein wenig, um seine Rolle durchzuhalten, aber auch ein wenig, weil er es wirklich zu sein glaubte. – Unmerklich tat der Hausmantel seine Wirkung: Die Fleischbrühe, die der Graf wohl oder übel zu sich genommen hatte, verursachte ihm Übelkeit; schon bald schickten die Verwandten und Freunde Boten, um sich nach seinem Ergehen zu erkundigen: es fehlte nicht mehr viel, um ihn wirklich ins Bett zu bringen.

Am Abend fand Doktor Ranson[5], sein Puls sei *krampfhaft zusammengezogen*, und verordnete einen Aderlaß für den nächsten Morgen. Wenn der Dienst einen Monat länger gedauert hätte, wäre es um den Kranken geschehen gewesen.

[5] Ein sehr berühmter Turiner Arzt zu der Zeit, als dieses Kapitel geschrieben wurde.

Wer

Wer könnte noch am Einfluß der Reisekleidung auf den Reisenden zweifeln, wenn man bedenkt, daß der arme Graf von ... mehr als einmal dachte, er müsse die Reise in die andere Welt antreten, weil er in dieser zur Unzeit seinen Hausmantel angezogen hatte.

## KAPITEL XLII

Ich saß nach dem Diner, eingehüllt in mein *Reisegewand*, dessen Einfluß ich mich gerne ganz und gar überließ, an meinem Kamin und wartete auf die Stunde der Abreise, als die Dämpfe meiner Verdauung sich in mein Gehirn drängten und die Bahnen, auf denen die Gedanken, die von den Sinnen ausgehen, dorthin gelangen, so verstopften, daß jede Kommunikation unterbrochen war; und so wie meine Sinne meinem Gehirn keinen Gedanken mehr übermittelten, vermochte dieses seinerseits nicht mehr, das elektrische Fluidum auszusenden, das diese belebt und mit dem der erfindungsreiche Doktor Valli die toten Fische wieder zum Leben erweckt.

Wenn man diese Einleitung gelesen hat, wird man leicht verstehen, warum mein Kopf auf meine Brust sank und daß meine Muskeln des Daumens

Daumens und des Zeigefingers, die nicht mehr durch dieses Fluidum gereizt wurden, so schlaff wurden, daß mir ein Band der Werke des Marquis Caraccioli, den ich zwischen diesen beiden Fingern hielt, entglitt und auf den Kaminrand fiel, ohne daß ich es bemerkte.

Ich hatte gerade Besuch gehabt, und meine Unterhaltung mit den Personen, die inzwischen wieder gegangen waren, hatte sich um den Tod des berühmten Doktor Cigna gedreht, der kürzlich gestorben war und allgemein betrauert wurde: er war gelehrt und tüchtig gewesen, ein guter Arzt und ein guter Botaniker. – Die Verdienste dieses fähigen Mannes beschäftigten meine Gedanken; und dennoch, sagte ich mir, wenn es mir erlaubt wäre, die Seelen all derer, zu deren Tod er beigetragen hat, zu beschwören, wer weiß, ob dann sein guter Ruf nicht eine gewisse Einbuße erleiden würde?

Ich schlug unbemerkt den Weg zu einer Abhandlung über die Medizin und die Fortschritte, die sie seit Hippokrates gemacht hatte, ein. – Ich fragte mich, ob die bekannten Persönlichkeiten der Antike wie Perikles, Platon, die berühmte Aspasia und Hippokrates selbst, die in ihrem Bett gestorben sind, wie gewöhnliche Menschen an einem Faulfieber, einem Entzündungsfieber oder einem Wundfieber gestorben sind und ob man

sie

sie zur Ader ließ oder mit Medikamenten vollstopfte?

Ich könnte unmöglich sagen, warum ich gerade an diese vier Personen und an keine anderen dachte. – Wer kann einen Traum erklären? – Alles, was ich sagen kann, ist, daß es meine Seele war, die den Arzt von Cos, den von Turin und den berühmten Staatsmann, der so große Dinge und so große Fehler machte, heraufbeschwor.

Aber für seine geschmackvolle Freundin bekenne ich bescheiden, daß es das *Andere* war, das sie herbeiwinkte. – Indessen wäre ich geneigt, wenn ich daran denke, eine kleine Regung des Stolzes zu empfinden; denn es ist klar, daß in diesem Traum das Verhältnis zugunsten des Verstands vier zu eins war. – Das ist viel für einen Soldaten meines Alters.

Wie dem auch sei, während ich mich diesen Überlegungen hingab, schlossen sich meine Augen ganz, und ich schlief fest ein; aber als ich die Augen schloß, blieben die Bilder der Personen, an die ich gedacht hatte, auf dieser dünnen Leinwand, die man das *Gedächtnis* nennt, aufgemalt, und da sich diese Bilder in meinem Gehirn mit dem Gedanken der Beschwörung der Toten vermischten, sah ich bald nacheinander Hippokrates, Platon, Perikles, Aspasia und den Doktor Cigna mit seiner Perücke daherkommen.

Ich

Ich sah, wie sie sich alle auf die Stühle setzten, die noch vor dem Feuer standen; nur Perikles blieb stehen, um die Zeitungen zu lesen.

»Wenn die Entdeckungen, von denen Sie mir erzählt haben, richtig wären, sagte Hippokrates zum Doktor, und wenn sie der Medizin nutzen würden, wie Sie behaupten, dann würde ich bemerkt haben, daß sich die Zahl der Menschen verringerte, die jeden Tag in das Schattenreich herabsteigt, aber deren tägliche Liste nach den Aufzeichnungen des Minos, die ich selbst nachgeprüft habe, ist genauso lang wie früher.«

Doktor Cigna wandte sich mir zu: »Sie haben bestimmt von diesen Entdeckungen reden hören, sagte er; Sie kennen die Harveys über den Blutkreislauf; die des unsterblichen Spallanzani über die Verdauung, deren Mechanismus wir nun durchschauen.« – Und er führte alle Entdeckungen im einzelnen auf, die die Medizin betrafen, sowie die Fülle von Heilmitteln, die der Chemie zu verdanken sind; er hielt einen akademischen Vortrag zum Lob der modernen Medizin.

»Ich kann nicht glauben, antwortete ich ihm, daß diese großen Männer das alles nicht wissen, was Sie gerade erklärt haben, und daß deren Seele, losgelöst von den Fesseln der Materie, irgend etwas in der Natur unerklärlich finden sollte.

– Wie

– Wie sehr Sie sich irren! rief der Obermediziner des Peloponnes; die Wunder der Natur sind den Toten ebenso verborgen wie den Lebenden; derjenige, der alles geschaffen hat und lenkt, allein kennt das große Geheimnis, das zu entdecken sich die Menschen vergeblich bemühen: das erfahren wir mit Sicherheit an den Ufern des Styx; und glauben Sie mir, fügte er hinzu, indem er sich an den Doktor wandte, legen Sie den Rest von Korpsgeist ab, den Sie aus dem Totenreich mitgebracht haben; und da die Bemühungen von tausend Generationen und alle Entdeckungen der Menschheit Ihr Leben um keine Sekunde verlängern konnten, da Charon jeden Tag die gleiche Menge Schatten herüberbringt, sollten wir uns nicht weiter abmühen, eine Kunst zu verteidigen, die bei den Toten, wo wir leben, nicht einmal mehr den Ärzten etwas nutzt.«

So sprach der berühmte Hippokrates zu meinem großen Erstaunen.

Doktor Cigna lächelte; und da die Geister sich weder dem Augenschein verschließen noch die Wahrheit verleugnen können, schloß er sich nicht nur der Meinung des Hippokrates an, sondern gestand sogar, indem er nach Art der geistigen Wesen errötete, daß er nie daran gezweifelt habe.

Perikles, der ans Fenster getreten war, stieß einen tiefen Seufzer aus, dessen Ursache ich ahnte.

ahnte. Er las eine Nummer des *Moniteur*, die den Niedergang der Künste und der Wissenschaften ankündigte; er sah die berühmten Gelehrten ihre erhabenen Spekulationen aufgeben, um neue Verbrechen zu erfinden; und ihn schauderte davor, hören zu müssen, wie sich eine Horde von Kannibalen mit den Helden des edlen Griechenlands verglich, während sie auf dem Schafott ohne Schamgefühl und Gewissensbisse ehrwürdige Alte, Frauen und Kinder umbrachte und kaltblütig die grausamsten und sinnlosesten Schandtaten beging.

Platon, der unserer Unterhaltung, ohne sich daran zu beteiligen, zugehört hatte, ergriff als er sah, daß sie plötzlich auf unerwartete Weise zu Ende ging, das Wort. – »Ich verstehe, sagte er zu uns, daß die Entdeckungen, die eure großen Männer in allen Zweigen der Naturkunde gemacht haben, der Medizin nichts nutzen, die niemals den Gang der Natur beeinflussen kann, außer auf Kosten des Lebens der Menschen; aber zweifellos ist es etwas anderes mit den Untersuchungen, die man über die Politik angestellt hat. Die Entdeckungen *Lockes* über die Natur des menschlichen Geistes, die Erfindung der Buchdruckerkunst, die gesamten Lehren, die man aus der Geschichte zieht, all die gründlichen Bücher, die die Wissenschaft ins Volk getragen hat; so viele Wunderdinge

Wunderdinge haben doch zweifellos dazu beigetragen, die Menschen besser zu machen, und diese weise und glückliche Republik, die ich erfunden habe und die das Jahrhundert, in dem ich lebte, mir als einen unrealisierbaren Traum erscheinen ließ, existiert doch bestimmt heute auf dieser Erde?«

Bei dieser Frage senkte der ehrenwerte Doktor den Blick und antwortete nur mit Tränen; als er sie mit seinem Taschentuch abwischte, verschob er unfreiwillig seine Perücke, so daß ein Teil seines Gesichts dadurch verdeckt wurde.

»Unsterbliche Götter, sagte Aspasia, indem sie einen durchdringenden Schrei ausstieß, was für ein seltsames Gesicht! Ist es auch eine Entdekkung eurer großen Männer, die euch auf die Idee gebracht hat, euch mit der Schädeldecke eines anderen den Kopf aufzuputzen?«

Aspasia, der die Vorträge der Philosophen ein Gähnen entlockte, hatte zu einem Modejournal gegriffen, das auf dem Kamin lag, und schon lange darin herumgeblättert, als die Perücke des Arztes zu diesem Ausruf Anlaß gab; und da ihr der schmale, wacklige Stuhl, auf dem sie saß, sehr unbequem war, hatte sie ungeniert ihre nackten Beine, die mit Bändern geschmückt waren, auf den Strohstuhl gelegt, der sich zwischen ihr und mir befand, und sie stützte sich mit

mit dem Ellbogen auf eine der breiten Schultern Platons.

»Das ist keine Schädeldecke, gab ihr der Doktor zur Antwort, indem er seine Perücke ergriff und ins Feuer warf! Es ist eine Perücke, Mademoiselle, und ich weiß nicht, warum ich diesen lächerlichen Schmuck nicht in die Flammen des Tartarus geworfen habe, als ich hierherkam: aber die Lächerlichkeiten und die Vorurteile haften unserer elenden Natur so sehr an, daß sie uns noch einige Zeit über das Grab hinaus verfolgen.«

Ich empfand ein besonderes Vergnügen dabei, den Doktor auf diese Weise gleichzeitig seiner Medizin und seiner Perücke abschwören zu sehen.

»Ich versichere Ihnen, sagte Aspasia zu ihm, daß die Mehrzahl der Frisuren, die in dem Heft, das ich gerade lese, abgebildet sind, das gleiche Schicksal wie die Ihre verdienten, so abgeschmackt sind sie!«

Die schöne Athenerin zeigte sich höchst belustigt beim Überfliegen der Stiche und wunderte sich zu Recht über die Vielfalt und die Tollheiten der modernen Toiletten. Unter anderen erstaunte sie eine Abbildung besonders: die einer jungen Dame, die mit einem der elegantesten Haaraufsätze dargestellt war, der Aspasia lediglich ein wenig zu hoch vorkam; aber das Stück Gaze, das die

die Brust bedeckte, war so außerordentlich umfänglich, daß man kaum das halbe Gesicht sah ... Aspasia, die nicht wußte, daß diese gewaltigen Formen nur das Werk von Stärke waren, konnte nicht umhin, ihr Erstaunen zu äußern, das sich in umgekehrtem Sinn verdoppelt hätte, wenn die Gaze durchsichtig gewesen wäre.

»Können Sie eigentlich verstehen, warum die Frauen heute die Toiletten eher zu tragen scheinen, um sich zu bedecken, als um sich zu kleiden? Sie lassen kaum ihr Gesicht sehen, an dem alleine man noch ihr Geschlecht erkennen kann, so sehr sind die Formen ihres Körpers durch die kuriosen Falten der Stoffe entstellt! Von allen Figuren, die in den Blättern abgebildet sind, läßt nicht eine den Busen, die Arme und die Beine unbedeckt: wie ist es möglich, daß Ihre jungen Krieger nicht versucht haben, einen derartigen Brauch zu bekämpfen? Offenbar, fügte sie hinzu, übertrifft die Tugend der heutigen Frauen, die sich in ihrer ganzen Kleidung äußert, die meiner Zeitgenossinnen bei weitem.«

Bei diesen Worten schaute mich Aspasia an und schien auf eine Antwort von mir zu warten. – Ich tat so, als würde ich es nicht bemerken; – und um mir den Anschein der Zerstreutheit zu geben, schob ich den Rest der Perücke des Doktors, die dem Feuer entkommen war, mit dem Schürhaken

in

in die Glut. – Dann sah ich, daß eines der Bänder, mit denen die Halbstiefel Aspasias zugeschnürt waren, aufgegangen war: »Erlauben Sie, reizende Person«, sagte ich zu ihr... Und indem ich dies sagte, bückte ich mich rasch und langte mit beiden Händen nach dem Stuhl, wo ich die beiden Beine zu sehen glaubte, die einst große Philosophen zum Schwärmen brachten.

Ich bin überzeugt, daß ich in diesem Augenblick dem echten Somnambulismus nahe war, denn die Bewegung, die ich machte, war eine ganz reale; aber Rosine, die in Wirklichkeit auf dem Stuhl lag, dachte, diese Bewegung gelte ihr; und indem sie geschickt in meine Arme sprang, warf sie die berühmten Schattengestalten, die mein Reisegewand heraufbeschworen hatte, wieder in den Orkus zurück.

Reizendes Land der Phantasie, du, das der allgütige Gott den Menschen überlassen hat, um sie über die Realität hinwegzutrösten, ich muß dich verlassen. – Heute maßen sich gewisse Personen, von denen ich abhängig bin, an, mir meine Freiheit zurückzugeben, als ob sie sie mir genommen hätten! Als ob es in ihrer Macht gelegen hätte, sie mir auch nur für einen Augenblick zu rauben und mich daran zu hindern, nach Lust und Laune den weiten Raum zu durchwandern, der immer offen vor

vor mir lag! – Sie haben mir verboten, eine Stadt, einen Ort zu durchwandern; aber sie haben mir das ganze Universum gelassen: die Unendlichkeit und die Ewigkeit stehen mir zu Diensten.

Heute also werde ich frei sein, oder vielmehr, ich werde in die Ketten zurückkehren! Das Joch der Geschäfte wird erneut auf mir lasten; ich werde keinen Schritt mehr tun können, der nicht von Anstand und Pflicht bestimmt ist. – Ich muß mich noch glücklich preisen, wenn mich nicht irgendeine launische Göttin das eine oder andere vergessen läßt und ich dieser neuen und gefährlichen Gefangenschaft entgehe!

Ach, warum läßt man mich nicht meine Reise zu Ende führen? Dachten sie wirklich, sie würden mich damit strafen, daß sie mich in mein Zimmer verbannten – in dieses köstliche Land, das alle Güter und alle Reichtümer dieser Welt umfaßt? Ebensogut könnte man eine Maus in einen Kornspeicher sperren.

Indessen habe ich nie so klar erkannt, daß ich *doppelt* bin. – Während ich den Genüssen meiner Phantasie nachtraure, fühle ich mich mit Gewalt getröstet: eine geheime Macht zieht mich fort; – sie sagt mir, daß ich die frische Luft und den Himmel brauche und daß die Einsamkeit dem Tod gleicht. – Ich bin bereit; – meine Tür öffnet sich; – ich irre unter den Arkaden der Rue du Pô

Pô hin; – tausend angenehme Bilder tummeln sich vor meinen Augen. – Ja, hier ist es, das Haus, – die Tür, – die Treppe; – ich zittre schon im voraus.

Es ist wie der bittere Vorgeschmack, den man beim Zerschneiden einer Zitrone empfindet, die man essen will.

O mein Tier, mein armes Tier, paß auf dich auf!

*Ende der Reise um mein Zimmer*

# NÄCHTLICHE EXPEDITION
UM MEIN ZIMMER

## KAPITEL I

Um ein gewisses Interesse für das neue Zimmer zu wecken, in dem ich eine nächtliche Expedition unternommen habe, will ich den Neugierigen erklären, wie ich dazu gekommen bin. In dem geräuschvollen Haus, in dem ich wohnte, wurde ich ständig in meinen Beschäftigungen gestört; ich hatte schon länger vorgehabt, mir in der Nachbarschaft eine abgeschiedenere Bleibe zu suchen, als ich eines Tages, beim Überfliegen einer biographischen Notiz über Monsieur de Buffon, las, daß dieser berühmte Mann in seinen Gartenanlagen einen einsamen Pavillon gewählt hatte, der keine anderen Möbel enthielt als einen Sessel und den Sekretär, an dem er schrieb, und kein anderes Werk als das Manuskript, an dem er arbeitete.

Die Hirngespinste, mit denen ich mich beschäftige, stehen in einem solchen Mißverhältnis zu den unsterblichen Arbeiten Monsieur de Buffons, daß mir der Gedanke, ihn nachzuahmen – und sei es auch nur in diesem Punkt – gewiß nie in den Sinn gekommen wäre, wenn mich nicht ein Unglück dazu veranlaßt hätte. Ein Diener, der den Staub von den Möbeln wischte, glaubte, er sähe besonders viel davon auf einem Bild, das mit Pastellfarben

Pastellfarben gemalt war und das ich gerade vollendet hatte; er rieb es mit seinem Tuch so gründlich ab, daß es ihm tatsächlich gelang, es von all dem Staub zu befreien, den ich mit viel Sorgfalt darauf verteilt hatte. Nachdem ich über diesen Mann in seiner Abwesenheit heftig in Zorn geraten war und, als er zurückkam, wie gewöhnlich nichts zu ihm sagte, machte ich mich sofort auf die Suche und kehrte mit dem Schlüssel eines kleinen Zimmers, das ich in der fünften Etage in der Rue de Providence gemietet hatte, nach Hause zurück. Noch am selben Tag ließ ich die Materialien meiner Lieblingsbeschäftigung dorthin transportieren und verbrachte von da an den größten Teil meiner Zeit an diesem Ort, sicher vor Dienstbotenlärm und Gemäldereinigern. In dem abgeschiedenen Winkel vergingen mir die Stunden wie Minuten, und mehr als einmal ließen mich meine Träumereien die Stunde des Diners vergessen.

O süße Einsamkeit! Ich habe die Reize kennengelernt, mit denen du deine Liebhaber trunken machst. Wehe dem, der nicht einen Tag seines Lebens alleine sein kann, ohne die Qual der Langeweile zu empfinden, und der sich, wenn nötig, lieber mit Dummköpfen unterhält als mit sich selbst.

Ich muß aber bekennen, daß ich die Einsamkeit in den großen Städten zwar liebe; daß ich jedoch,

doch, wenn ich nicht durch irgendwelche schwerwiegenden Umstände wie eine Reise um mein Zimmer dazu gezwungen werde, nur am Morgen ein Einsiedler sein will; am Abend sehe ich gerne wieder menschliche Gesichter. Die Nachteile des gesellschaftlichen Lebens und die der Einsamkeit heben sich so wechselseitig auf, und diese beiden Daseinsweisen verschönern sich gegenseitig.

Indessen sind die Vergänglichkeit und die Zwangsläufigkeit der Dinge derart, daß selbst das lebhafte Vergnügen, das ich in meiner neuen Bleibe genoß, mich hätte voraussehen lassen müssen, von welch kurzer Dauer es sein würde. Die Französische Revolution, die nach allen Seiten ausuferte, hatte soeben die Alpen überschritten und überflutete Italien. Von der ersten Woge wurde ich bis Bologna gespült; ich behielt meine Einsiedelei bei, in die ich alle meine Möbel transportieren ließ, bis glücklichere Tage kommen würden. Seit einigen Jahren war ich ohne Vaterland; eines schönen Morgens erfuhr ich, daß ich ohne Anstellung war. Nachdem ich ein ganzes Jahr damit zugebracht hatte, Menschen und Dinge zu sehen, die ich nicht mochte, und mich nach Menschen und Dingen zu sehnen, die ich nicht mehr sah, kehrte ich nach Turin zurück. Ich mußte zu einem Entschluß kommen. Ich verließ das Gasthaus *Zur guten Frau*, in dem ich abgestiegen

stiegen war, mit der Absicht, mein kleines Zimmer dem Eigentümer zurückzugeben und mich meiner Möbel zu entledigen.

Als ich in meine Einsiedelei zurückkehrte, empfand ich schwer zu beschreibende Gefühle: alles hatte seine alte Ordnung, das heißt die Unordnung, in der ich es hinterlassen hatte, bewahrt: die an den Wänden aufgetürmten Möbel waren durch die hohe Lage des Quartiers vor Staub geschützt geblieben; meine Federn standen noch in dem eingetrockneten Tintenfaß, und auf dem Tisch fand ich einen angefangenen Brief.

»Ich bin wieder zu Hause«, sagte ich mir mit großer Befriedigung. Jeder Gegenstand erinnerte mich an irgendein Ereignis meines Lebens, und mein Zimmer war mit Erinnerungen tapeziert. Anstatt ins Gasthaus zurückzukehren, entschloß ich mich, die Nacht umgeben von meinen Besitztümern zu verbringen: ich schickte den Diener nach meinem Gepäck und faßte gleichzeitig den Entschluß, am nächsten Tag, ohne mich zu verabschieden oder jemanden um Rat zu fragen, aufzubrechen und mich bedenkenlos der Vorsehung zu überlassen.

KAP. II

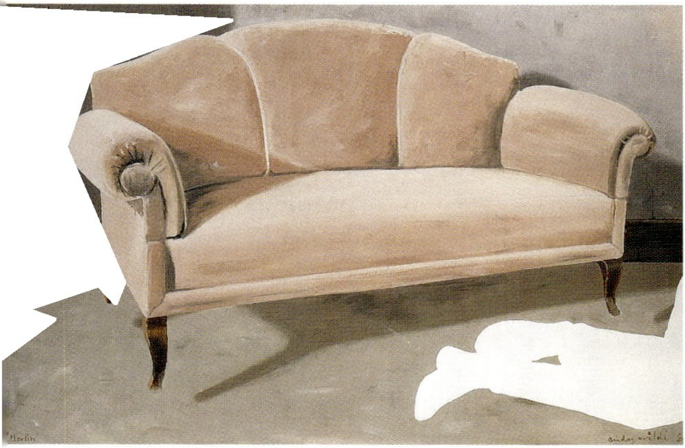

## KAPITEL II

Während ich diese Überlegungen anstellte und mich meines wohlerwogenen Reiseplans rühmte, verstrich die Zeit, und mein Diener kam nicht zurück. Ich hatte ihn vor einigen Wochen unter dem Druck der Umstände eingestellt und hegte gewisse Zweifel hinsichtlich seiner Zuverlässigkeit. Der Gedanke, er könnte mir meinen Reisekoffer stehlen, hatte noch kaum Gestalt gewonnen, als ich schon zum Gasthof eilte: es war höchste Zeit. Als ich um die Ecke der Straße bog, in der sich das Gasthaus *Zur guten Frau* befand, sah ich den Kerl überstürzt aus der Tür kommen, und vor ihm ging ein Lastenträger mit meinem Koffer. Meine Schatulle trug er selbst; und anstatt sich auf meine Seite zu wenden, ging er nach links in die Richtung, die der entgegengesetzt war, die er hätte einschlagen sollen. Seine Absicht war offenkundig. Ich holte ihn leicht ein und ging, ohne ihn anzusprechen, eine Zeitlang neben ihm her, ehe er mich bemerkte. Wenn man den Ausdruck des Erstaunens und Erschreckens in seiner höchsten Ausprägung auf einem menschlichen Gesicht hätte malen wollen, würde er in dem Augenblick, als er mich an seiner Seite erkannte, das vollkommene

mene Modell dafür abgegeben haben. Ich hatte genug Muße, dies zu studieren, denn er war so verwirrt durch mein unerwartetes Erscheinen und den Ernst, mit dem ich ihn anblickte, daß er einige Zeit, ohne ein Wort zu reden, mit mir ging, als befänden wir uns zusammen auf einem Spaziergang. Schließlich stammelte er als Entschuldigung eine Erledigung in der Rue Grand'-Doire; aber ich brachte ihn wieder auf den richtigen Weg, und wir kehrten in das Haus zurück, wo ich ihn entließ.

Erst in diesem Augenblick nahm ich mir vor, während der letzten Nacht, die ich hier zubringen sollte, eine neue Reise in meinem Zimmer zu unternehmen, und ich beschäftigte mich sogleich mit den Vorbereitungen.

## KAPITEL III

Seit langem hatte ich den Wunsch, das Land wiederzusehen, das ich einst so genußvoll durchreist hatte und dessen Beschreibung mir nicht vollständig erschien. Einige Freunde, die Gefallen an ihr gefunden hatten, baten mich, sie fortzusetzen, und ich hätte mich zweifellos früher dazu entschlossen, wenn ich nicht von meinen Reisegenossen

genossen getrennt worden wäre. Ich nahm meine Karriere nur ungern wieder auf. Ach, ich mußte sie alleine aufnehmen! Ich würde ohne meinen teuren Joannetti und ohne die liebenswerte Rosine reisen. Mein erstes Zimmer selbst hatte die unglückseligste Revolution über sich ergehen lassen müssen: was sage ich! es existierte nicht mehr. Seine Umfriedung war Teil eines fürchterlichen, von den Flammen geschwärzten Gemäuers, und alle mörderischen Erfindungen des Krieges hatten sich vereinigt, um es vollständig zu zerstören.[6] Die Wand, an der das Porträt Madame de Hautcastels hing, war von einer Bombe durchlöchert worden. Wenn ich meine Reise nicht glücklicherweise vor dieser Katastrophe unternommen hätte, würden die Gelehrten unserer Tage nie von diesem bemerkenswerten Zimmer Kenntnis erlangt haben. So wie sie ohne die Beobachtungen Hipparchs heute nicht wüßten, daß es einst einen Stern mehr im Siebengestirn gab, der seit dem berühmten Astronomen verschwunden ist.

Durch die Umstände gezwungen, hatte ich mein Zimmer schon einige Zeit davor aufgegeben und meine Penaten anderswohin gebracht. Man

---

[6] Dieses Zimmer lag in der Zitadelle von Turin, und diese neue Reise wurde einige Zeit nachdem dieser Ort von den österreichisch-russischen Truppen eingenommen worden war, geschrieben.

könnte

könnte sagen, das Unglück sei nicht groß. Aber wie soll ich Joannetti und Rosine ersetzen? Ach, das ist nicht möglich! Joannetti war mir so unentbehrlich geworden, daß sein Verlust nie zu ersetzen sein wird. Wer kann sich im übrigen schmeicheln, immer mit Personen zusammenzuleben, die ihm lieb und wert sind? Ähnlich den Mückenschwärmen, die man an schönen Sommerabenden in der Luft herumwirbeln sieht, treffen sich die Menschen zufällig und für kurze Zeit. Sie können sich glücklich preisen, wenn sie sich bei ihren schnellen Bewegungen nicht die Köpfe aneinanderstoßen!

Eines Abends ging ich zu Bett. Joannetti bediente mich mit seinem üblichen Eifer und wirkte sogar noch aufmerksamer als sonst. Als er das Licht brachte, warf ich einen Blick auf ihn und sah eine deutlich wahrnehmbare Veränderung auf seinem Gesicht. Aber sollte ich deshalb annehmen, daß mich der arme Joannetti zum letztenmal bediente? Ich werde den Leser nicht in einer Ungewißheit lassen, die grausamer ist als die Wahrheit. Ich ziehe es vor, ihm schonungslos zu sagen, daß Joannetti noch in derselben Nacht heiratete und mich am nächsten Tag verließ.

Aber man soll ihn nicht der Undankbarkeit bezichtigen, weil er seinen Herrn so abrupt verließ. Ich wußte seit langem von seiner Absicht, und es war

war unrecht von mir, mich seinen Plänen entgegenzustellen. In aller Morgenfrühe kam eine Amtsperson zu mir, um mir die Neuigkeit mitzuteilen, und ich hatte genug Muße, noch ehe ich Joannetti wiedersah, in Wut zu geraten und mich wieder zu beruhigen, was ihm die Vorwürfe ersparte, auf die er gefaßt war. Ehe er mein Zimmer betrat, tat er so, als redete er draußen im Flur laut mit jemandem, um mich glauben zu machen, er habe keine Angst; und indem er sich mit aller Kühnheit wappnete, die eine gute Seele wie er aufbringen kann, trat er mit entschlossener Miene vor mich hin. Ich sah auf seinem Gesicht sofort alles, was sich in seiner Seele abspielte, und ich nahm es ihm nicht übel. Die Spaßvögel unserer Tage haben den guten Leuten eine solche Angst vor der Ehe eingejagt, daß ein frisch Verheirateter häufig einem Menschen gleicht, der gerade entsetzlich gestürzt ist, ohne sich im geringsten verletzt zu haben, und der sowohl aus Angst wie aus Zufriedenheit verwirrt ist, was ihm ein lächerliches Aussehen gibt. Es ist also nicht weiter verwunderlich, daß das Verhalten meines treuen Dieners unter den Nachwirkungen seiner merkwürdigen Lage litt.

»Nun bist du also verheiratet, mein guter Joannetti«, sagte ich lachend zu ihm.

Er hatte sich nur gegen meinen Zorn gewappnet,

net, so daß alle seine Vorkehrungen umsonst gewesen waren. Er fiel auf der Stelle wieder in seine gewöhnliche Verfassung zurück und sogar noch etwas tiefer, denn er begann zu weinen.

»Was wollen Sie, Monsieur! sagte er mit veränderter Stimme; ich hatte mein Wort gegeben.

– Potz Teufel! Du hast recht daran getan, mein Freund. Mögest du zufrieden sein mit deiner Frau und mit dir! Mögest du Kinder bekommen, die dir gleichen! Wir werden uns also trennen müssen?

– Ja, Monsieur; wir planen, uns in Asti niederzulassen.

– Und wann willst du mich verlassen?«

Bei diesen Worten senkte Joannetti den Blick mit verlegener Miene und antwortete zwei Tonlagen tiefer: »Meine Frau hat einen Fuhrmann aus ihrer Heimat gefunden, der mit seinem leeren Wagen zurückfährt und heute aufbricht. Das wäre eine günstige Gelegenheit; aber... nur... wenn es Monsieur recht ist... obgleich sich eine ähnliche Gelegenheit nur schwer würde finden lassen.

– Wie, so rasch?« sagte ich. Ein Gefühl des Bedauerns und der Rührung, vermischt mit einem gehörigen Maß an Ärger, ließ mich einen Augenblick lang schweigend verharren. »Nein, antwortete ich ihm ziemlich barsch, ich werde euch nicht zurückhalten; brecht nur gleich auf, wenn euch damit

damit gedient ist.« Joannetti wurde blaß. »Ja, brich auf, mein Freund, geh zu deiner Frau; sei immer so gut und so anständig, wie du es bei mir warst.«

Wir trafen einige Verabredungen; ich sagte ihm traurig adieu; er ging.

Dieser Mann diente mir fünfzehn Jahre. Ein Augenblick hat uns getrennt. Ich habe ihn nie wiedergesehen.

Während ich in meinem Zimmer auf und ab ging, dachte ich über diese abrupte Trennung nach. Rosine war Joannetti gefolgt, ohne daß er es bemerkte. Eine Viertelstunde später ging die Tür auf; Rosine kam herein. Ich sah Joannettis Hand, die sie ins Zimmer schob; die Tür schloß sich wieder, und ich spürte, wie es mir das Herz zusammenschnürte... er kommt schon nicht mehr zu mir herein! – Ein paar Minuten haben genügt, um die zwei Gefährten von fünfzehn Jahren einander fremd werden zu lassen. O trauriges, trauriges Schicksal der Menschheit, das uns nie einen beständigen Gegenstand finden läßt, auf den wir auch nur die geringste unserer Zuneigungen setzen können!

KAP. IV

## KAPITEL IV

Auch Rosine lebte damals fern von mir. Sie erfahren zweifellos mit einiger Anteilnahme, meine liebe Marie, daß sie im Alter von fünfzehn Jahren immer noch das liebenswerteste aller Tiere war und daß dieselbe überlegene Klugheit, die sie einst vor ihrer ganzen Gattung auszeichnete, ihr auch dabei half, die Lasten des Alters zu ertragen. Ich hätte mich am liebsten nie von ihr getrennt; aber darf man, wenn es um das Schicksal unserer Freunde geht, dem eigenen Vergnügen und Interesse nachgeben? Im Interesse Rosines war es, das Nomadenleben, das sie mit mir führte, zu beenden und auf ihre alten Tage endlich eine Ruhe zu genießen, die sich ihr Herr nicht mehr erhoffte. Ihr hohes Alter zwang mich dazu, sie wegzugeben. Ich glaubte, ihr das Gnadenbrot schuldig zu sein. – Eine wohltätige Nonne übernahm es, sie für den Rest ihrer Tage zu versorgen, und ich weiß, daß sie an diesem Ruheort alle Annehmlichkeiten genossen hat, die sie sich durch ihre guten Eigenschaften, ihr hohes Alter und ihren Ruf mit Recht verdient hatte.

Und da die Natur des Menschen so ist, daß das Glück nicht für ihn geschaffen scheint; da der Freund

Freund den Freund beleidigt, ohne es zu wollen, und selbst die Liebenden nicht leben können, ohne sich zu streiten; kurzum, da seit Lykurg bis auf unsere Tage alle Gesetzgeber mit ihren Bemühungen, die Menschen glücklich zu machen, gescheitert sind, habe ich wenigstens den Trost, einen Hund glücklich gemacht zu haben.

## KAPITEL V

Nachdem ich dem Leser die letzten Begebenheiten der Geschichte von Joannetti und Rosine zur Kenntnis gebracht habe, bleibt mir nur noch, ein Wort über die Seele und das Tier zu sagen, um ihm gewiß nichts schuldig zu bleiben. Diese beiden Persönlichkeiten, vor allem letztere, werden auf meiner Reise keine so interessante Rolle mehr spielen. Ein liebenswerter Reisender, der die gleiche Karriere wie ich eingeschlagen hat[7], behauptet, sie müßten erschöpft sein. Ach, er hat nur zu recht! Nicht, als ob meine Seele etwas von ihrer Aktivität verloren hätte, zumindest soweit sie das wahrnehmen kann; aber die Beziehungen zu dem *Anderen* haben sich verändert. Dieses hat

---

[7] *Zweite Reise um mein Zimmer*, anonym, Kapitel I.

nicht mehr dieselbe Schlagfertigkeit; es hat nicht mehr... wie soll ich es ausdrücken?... Ich war im Begriff zu sagen, dieselbe Geistesgegenwart, als ob ein Tier das haben könnte!

Wie dem auch sei, und ohne mich auf eine peinliche Erklärung einzulassen, werde ich nur sagen, daß ich, veranlaßt durch das Vertrauen, das mir die junge Alexandrine bewiesen hatte, dieser einen sehr zärtlichen Brief schrieb, woraufhin ich eine höfliche, aber kühle Antwort erhielt, die mit folgenden Worten schloß: »Seien Sie versichert, Monsieur, daß ich für alle Zeiten die Gefühle der aufrichtigsten Hochachtung für Sie bewahren werde.« – »Gerechter Himmel! rief ich sofort; ich bin verloren.« An diesem unglückseligen Tag entschloß ich mich, mein System von der Seele und dem Tier nicht weiter auszubauen.

Demzufolge werde ich diese beiden Wesen, ohne einen Unterschied zwischen ihnen zu machen und ohne sie zu trennen, einander tragend wie gewisse Kaufleute ihre Waren, weitergehen lassen, und ich werde als Ganzes reisen, um alles Ungemach zu vermeiden.

KAP. VI

## KAPITEL VI

Es wäre nutzlos, über die Ausmaße meines neuen Zimmers zu sprechen. Es gleicht dem anderen so sehr, daß man sich auf den ersten Blick leicht täuschen lassen könnte, wenn der Architekt nicht dadurch Vorsorge getroffen hätte, daß die Decke sich schräg zur Straßenseite hin absenkt, womit sie dem Dach zu der Neigung verhilft, die die Gesetze der Hydraulik für den Abfluß des Regens erforderlich machen. Das Licht fällt durch eine einzige Öffnung von zweieinhalb Fuß Breite und vier Fuß Höhe herein, die ungefähr sechs bis sieben Fuß über dem Boden liegt und zu der man nur mit Hilfe einer kleinen Leiter gelangt.

Daß sich mein Fenster so hoch über dem Fußboden befindet, ist einer der glücklichen Umstände, die ebensogut dem Zufall wie dem Genie des Architekten zugeschrieben werden können. Das fast senkrecht einfallende Licht, das es in meine kleine Wohnung hereinließ, gab dieser ein geheimnisvolles Aussehen. Der antike Tempel des Pantheon erhält sein Licht auf fast die gleiche Weise. Außerdem konnte mich kein Gegenstand von außerhalb ablenken. Ähnlich dem Seefahrer, der, verloren auf dem weiten Ozean, nur den Himmel

Himmel und das Meer sieht, sah ich nur den Himmel und mein Zimmer, und die nächsten Gegenstände draußen, auf die sich meine Blicke richten konnten, waren der Mond oder der Morgenstern: was mich in eine unmittelbare Beziehung zum Himmel versetzte und meinen Gedanken einen Höhenflug gab, den sie nie gehabt hätten, wenn ich eine Wohnung im Parterre gewählt hätte.

Das Fenster, von dem ich gesprochen habe, überragte das Dach und bildete die hübscheste Luke. Es lag so hoch über dem Horizont, daß es in der Straße unten noch dunkel war, wenn die ersten Sonnenstrahlen kamen und es erhellten. Ich genoß daher eine der schönsten Aussichten, die man sich vorstellen kann. Aber die schönste Aussicht ermüdet uns rasch, wenn wir sie zu häufig sehen; das Auge gewöhnt sich daran, und man macht kein Aufhebens mehr davon. Die Lage meines Fensters bewahrte mich vor diesem Nachteil, denn ich konnte das wunderbare Schauspiel der Landschaft um Turin nicht betrachten, ohne vier oder fünf Sprossen hinaufzusteigen, was mir jedesmal frische Genüsse brachte, weil sie verdient waren. Wenn ich müde war und mir etwas Entspannung verschaffen wollte, beschloß ich meinen Tag, indem ich zu meinem Fenster hinaufstieg.

Auf

Auf der ersten Sprosse sah ich nur den Himmel; dann erschien langsam der riesige Superga-Tempel[8]. Der Hügel, auf dem er ruht, erhob sich langsam vor mir, überzogen mit Wäldern und Weinbergen, und bot der untergehenden Sonne den stolzen Anblick seiner Gärten und Paläste, während die einfachen und bescheidenen Behausungen sich halb in den Tälern zu verbergen schienen, um dem Weisen als Zufluchtsort zu dienen und seine Meditationen zu begünstigen.

Reizender Hügel! Du hast mich oft deine einsamen Orte aufsuchen und deine abgelegenen Wege den prunkvollen Promenaden der Hauptstadt vorziehen sehen; du hast mich oft in deinen grünen Labyrinthen herumirren und dem Lied der Morgenlerche lauschen sehen, das Herz erfüllt von einer unbestimmten Unruhe und dem glühenden Wunsch, mich für immer in deinen verzauberten Tälern niederzulassen. – Ich grüße dich, reizender Hügel! Du bist in meinem Herzen gemalt! Möge der himmlische Tau, wenn es möglich ist, deine Felder fruchtbarer und deine Waldungen üppiger machen! Mögen deine Be-

---

[8] Oder *die Superga*, eine wundervolle Kirche, erbaut von König Viktor Amadeus I. im Jahr 1706, um das Gelübde zu erfüllen, das er der Jungfrau Maria für den Fall gegeben hatte, daß die Franzosen die Belagerung von Turin aufhöben. Die Superga dient als Grablege der Fürsten des Hauses Savoyen.

wohner

wohner ihr Glück in Frieden genießen, und mögen deine Schatten ihnen günstig und heilsam sein! Möge schließlich dein glücklicher Boden immer der sanfte Zufluchtsort der wahren Philosophen, der bescheidenen Gelehrten, der ernsten und gastlichen Freundschaft, die ich hier gefunden habe, bleiben.

## KAPITEL VII

Ich begann meine Reise genau um acht Uhr abends. Das Wetter war ruhig und versprach eine schöne Nacht. Ich hatte Vorsorge getroffen, daß ich nicht durch Besuche gestört würde, die in der Höhe, in der ich wohnte, und vor allem in der Lage, in der ich mich damals befand, ohnehin sehr selten waren, und daß ich bis Mitternacht alleine sein konnte. Vier Stunden reichten bei weitem zur Durchführung meines Unternehmens, denn ich wollte diesmal nur eine einfache Exkursion um mein Zimmer machen. Wenn die erste Reise zweiundvierzig Tage dauerte, dann deshalb, weil es nicht in meiner Macht lag, sie abzukürzen. Ich wollte mich auch nicht wie früher dazu verstehen, viel im Wagen zu reisen, denn ich war überzeugt davon, daß ein Fußreisender viele Dinge

Dinge sieht, die demjenigen entgehen, der den Postwagen nimmt. Ich entschloß mich also, abzuwechseln und mich je nach den Umständen zu Fuß oder zu Pferde fortzubewegen: eine neue Methode, die ich noch nicht mitgeteilt habe und deren Nützlichkeit man bald erkennen wird. Schließlich nahm ich mir vor, unterwegs Notizen zu machen und meine Beobachtungen gleich aufzuschreiben, um nichts zu vergessen.

Damit etwas Ordnung in mein Unternehmen käme und um ihm eine neue Erfolgschance zu geben, gedachte ich, zunächst eine Widmungsepistel abzufassen, und diese, um sie interessanter zu gestalten, in Versen zu schreiben. Aber zwei Schwierigkeiten brachten mich in Verlegenheit und hätten mich, trotz des Nutzens, den ich vermutlich daraus ziehen würde, fast davon abgehalten. Die erste war herauszufinden, an wen ich die Epistel richten sollte, die zweite, wie ich es anstellen sollte, Verse zu machen. Nachdem ich reiflich überlegt hatte, dauerte es nicht lange, bis ich begriff, daß es vernünftig wäre, zuerst die Widmung, so gut ich könnte, abzufassen und danach erst jemanden zu suchen, auf den sie paßte. Ich machte mich sofort ans Werk und arbeitete mehr als eine Stunde lang, ohne einen Reim auf den ersten Vers zu finden, den ich schon gemacht hatte und den ich beibehalten wollte,

weil

weil er mir geglückt schien. Bei dieser Gelegenheit erinnerte ich mich, irgendwo gelesen zu haben, daß der berühmte Pope nie etwas von Interesse zu Papier bringen konnte, ohne vorher lange und mit lauter Stimme zu deklamieren und sich in seinem Arbeitszimmer in allen Richtungen zu bewegen, um sein Dichterfeuer anzufachen. Ich versuchte auf der Stelle, ihn nachzuahmen. – Ich holte die Gesänge Ossians und rezitierte sie laut, indem ich mit großen Schritten hin- und herspazierte, um mich in Begeisterung zu versetzen.

Ich sah tatsächlich, daß diese Methode unmerklich meine Phantasie beflügelte und mir insgeheim das Gefühl einer dichterischen Kraft verlieh, die mir bestimmt dazu verholfen hätte, meine Widmungsepistel mit Erfolg in Versen abzufassen, wenn ich nicht unglücklicherweise die Dachschräge meines Zimmers vergessen hätte, deren rasche Absenkung meine Stirn daran hinderte, in der Richtung, die ich eingeschlagen hatte, so weit zu kommen wie meine Füße. Ich stieß mit meinem Kopf so heftig gegen diese verdammte Wand, daß das Dach des Hauses bebte: die Spatzen, die auf den Ziegeln schliefen, flogen erschreckt auf, und ich prallte durch den Stoß drei Schritte zurück.

KAP. VIII

## KAPITEL VIII

Während ich auf diese Weise auf und ab ging, um mein Dichterfeuer anzufachen, schickte eine junge und hübsche Frau, die unter mir wohnte, erstaunt über meine Schritte und vielleicht im Glauben, ich würde einen Ball in meinem Zimmer veranstalten, ihren Gatten herauf, um zu hören, woher der Lärm käme. Als die Tür aufging, war ich noch ganz benommen von dem heftigen Stoß, den ich abbekommen hatte. Ein älterer Mann mit einem trübsinnigen Gesichtsausdruck streckte den Kopf herein und ließ seine Blicke neugierig durch das Zimmer schweifen. Als sein Erstaunen, mich alleine vorzufinden, ihm erlaubte, zu sprechen, sagte er mit ärgerlicher Stimme: »Meine Frau hat Migräne, Monsieur. Gestatten Sie mir, Sie darauf aufmerksam zu machen, daß ...«

Ich unterbrach ihn, und mein Stil ließ erkennen, in welchen Gedankenhöhen ich schwebte. »Ehrwürdiger Abgesandter, sagte ich in der Redeweise der Barden zu ihm, warum funkeln deine Augen unter den buschigen Brauen wie zwei Gestirne im finstern Wald von Cromba? Deine schöne Gefährtin ist ein strahlendes Licht, und ich

ich würde lieber tausendmal sterben, als ihre Ruhe zu stören; aber dein Anblick, o ehrwürdiger Abgesandter, dein Anblick ist düster wie das entlegenste Gewölbe der Höhle von Camora, wenn die vom Sturm aufgewühlten Wolken das Antlitz der Nacht verdunkeln und auf den stillen Fluren Morvens lasten.«

Der Nachbar, der offensichtlich nie die Gesänge Ossians gelesen hatte, hielt den Begeisterungsanfall, der mich beflügelte, fälschlicherweise für einen Wahnsinnsanfall und schien ganz verstört. Da ich nicht die Absicht hatte, ihn zu beleidigen, bot ich ihm einen Stuhl an und bat ihn, sich zu setzen; aber ich sah, daß er sich sachte zurückzog, indem er halblaut vor sich hin sagte: »*È matto, per Bacco, è matto!*«

## KAPITEL IX

Ich ließ ihn gehen, ohne ergründen zu wollen, bis zu welchem Punkt seine Beobachtung berechtigt war, und setzte mich an meinen Schreibtisch, um diese Ereignisse aufzuschreiben, wie ich es immer mache; aber kaum hatte ich eine Schublade geöffnet, in welcher ich Papier zu finden hoffte, da schloß ich sie auch schon wieder, denn eines der

der unangenehmsten Gefühle, die man haben kann, brachte mich aus dem Konzept: das der gekränkten Eigenliebe. Die Art Überraschung, die mich bei dieser Gelegenheit ergriff, gleicht der, die ein durstiger Reisender empfindet, der seine Lippen einer klaren Quelle nähert und auf dem Grund des Wassers einen Frosch erblickt, der ihn ansieht. Es war jedoch nichts anderes als die Spiralfedern und das Gerippe der künstlichen Taube, die ich früher einmal nach dem Vorbild des Archytas zum Fliegen hatte bringen wollen. Mehr als drei Monate lang hatte ich unermüdlich an ihrer Konstruktion gearbeitet. Als der Tag des Flugversuchs gekommen war, setzte ich sie an den Rand eines Tisches, nachdem ich sorgfältig die Tür verschlossen hatte, um die Entdeckung geheimzuhalten und meinen Freunden eine angenehme Überraschung zu bereiten. Ein Faden hielt den Mechanismus fest. Wer wäre in der Lage, sich mein Herzklopfen und die Besorgnis meiner Eigenliebe vorzustellen, als ich mich mit der Schere näherte, um das verhängnisvolle Band zu durchschneiden?... Peng!... Die Feder der Taube schnellt los und entspannt sich mit Getöse. Ich hebe die Augen, um den Vogel vorbeifliegen zu sehen; aber nachdem er sich ein paarmal um sich selbst gedreht hat, fällt er herunter und verbirgt sich unter dem Tisch. Rosine, die dort
schlief,

schlief, trottete traurig davon. Rosine, die nie ein Huhn oder eine Taube oder den kleinsten Vogel sehen konnte, ohne das Tier anzugreifen und zu jagen, würdigte meine Taube, die auf dem Boden herumzappelte, keines Blicks... Das war der Todesstoß für meine Eigenliebe.

Ich ging auf die Wälle hinaus, um etwas frische Luft zu schöpfen.

## KAPITEL X

Das war das Los meiner künstlichen Taube. Während das Genie der Mechanik sie dazu bestimmte, dem Adler in die Lüfte zu folgen, gab ihr das Schicksal die Triebe eines Maulwurfs.

Traurig und entmutigt, wie man es immer ist, wenn eine große Hoffnung enttäuscht wurde, ging ich spazieren. Da sah ich beim Hochblicken einen Zug Kraniche über meinen Kopf fliegen. Ich blieb stehen, um sie zu beobachten. Sie bewegten sich in der Formation eines Dreiecks, wie die englischen Heere bei der Schlacht von Fontenoy. Ich sah sie den Himmel von Wolke zu Wolke durchkreuzen. »Ach, wie gut sie fliegen können, sagte ich ganz leise; mit welcher Sicherheit sie über die unsichtbaren Pfade, denen sie folgen,

folgen, zu gleiten scheinen!« Soll ich es bekennen? Ach, man möge mir verzeihen! Das abscheuliche Gefühl des Neids hat einmal, ein einziges Mal in meinem Herzen Einzug gehalten, und das wegen der Kraniche. Ich verfolgte sie mit meinen eifersüchtigen Blicken bis an den Rand des Horizonts. Lange stand ich reglos in der Menge, die spazierenging, und beobachtete den raschen Flug der Schwalben, und ich wunderte mich, sie in den Lüften schweben zu sehen, als hätte ich dieses Phänomen noch nie wahrgenommen. Ein Gefühl tiefer Bewunderung, das ich bisher nicht gekannt hatte, erhellte meine Seele. Ich glaubte, die Natur zum ersten Mal zu sehen. Ich vernahm mit Erstaunen das Summen der Fliegen, den Gesang der Vögel und das geheimnisvolle und undeutliche Geräusch der lebendigen Schöpfung, die unbewußt ihren Erschaffer preist. Welch unaussprechliches Konzert, in das mit seinem Dankgesang einzustimmen alleine der Mensch das erhabene Vorrecht besitzt! »Wer ist der Erschaffer dieses glänzenden Mechanismus, rief ich ergriffen. Wer ist es, der seine schöpferische Hand öffnete und die erste Schwalbe in die Lüfte entließ; der den Bäumen den Befehl erteilte, aus der Erde zu wachsen und ihre Zweige in den Himmel zu erheben? – Und du, reizendes Geschöpf, das majestätisch unter ihrem Schatten herankommt, du, du, dessen Züge Achtung und Liebe fordern, wer hat dich auf die Erdoberfläche gesetzt, um sie zu verschönern? Welcher Gedanke hat deine göttlichen Formen entworfen und war stark genug, den Blick und das Lächeln der unschuldigen Schönheit zu erschaffen?... Und ich selbst, der ich mein Herz klopfen fühle, was ist der Sinn meines Daseins? – Wer bin ich, und wo komme ich her, ich, der Erfinder der zentripedalen künstlichen Taube?...«

Kaum hatte ich dieses barbarische Wort ausgesprochen, da kam ich plötzlich wieder zu mir, wie ein Schlafender, über dem man einen Eimer Wasser ausgießt, und ich sah, daß mich mehrere Leute umstanden, die mich dabei beobachtet hatten, wie meine Begeisterung mich zu Selbstgesprächen hinriß. Dann sah ich die schöne Georgine, die ein paar Schritte vor mir herging. Ihre halbe linke Wange, die mit Rouge bedeckt war, wie ich durch die Locken der blonden Perücke erkennen konnte, brachte mich wieder in die Wirklichkeit dieser geschäftigen Welt zurück, die ich gerade für einen kurzen Augenblick verlassen hatte.

KAP. XI

## KAPITEL XI

Sobald ich mich ein wenig von der Bestürzung erholt hatte, die der Anblick meiner künstlichen Taube auslöste, machte sich der Schmerz des heftigen Stoßes, den ich abbekommen hatte, bemerkbar. Ich faßte mit der Hand an meine Stirn und spürte dort einen Höcker, genau an der Stelle des Kopfes, an der Doktor Gall den poetischen Höcker festgestellt hat. Aber daran dachte ich in dem Moment nicht, und erst die Erfahrung bewies mir die Wahrheit des Systems dieses berühmten Mannes.

Nachdem ich mich einige Augenblicke gesammelt hatte, um eine letzte Anstrengung zugunsten meiner Widmungsepistel zu unternehmen, nahm ich einen Stift und machte mich ans Werk. Wie groß war mein Erstaunen!... Die Verse flossen ganz von alleine aus meiner Feder; ich füllte in weniger als einer Stunde zwei Seiten damit, und ich schloß aus diesem Umstand, daß, wenn für Popes Kopf zum Verseschmieden Bewegung nötig war, es für meinen mindestens eines heftigen Stoßes bedurfte, um Verse aus ihm herauszubringen. Ich werde jedoch dem Leser diejenigen, die dabei entstanden, nicht mitteilen, denn die ungeheure

ungeheure Geschwindigkeit, mit der die Abenteuer meiner Reise aufeinanderfolgten, hinderte mich daran, letzte Hand an sie zu legen. Trotz dieses vorsätzlichen Übergehens besteht kein Zweifel, daß dieser Unfall, der mir zugestoßen ist, als eine wertvolle Entdeckung angesehen werden muß, von der die Dichter gar nicht genug Gebrauch machen können.

Ich bin tatsächlich so fest von der Unfehlbarkeit dieser neuen Methode überzeugt, daß ich es bisher nicht für nötig erachtete, die Verse des Gedichts in vierundzwanzig Gesängen, die ich mir mittlerweile zurechtgelegt habe und die mit der *Gefangenen von Pignerol*[9] zusammen veröffentlicht werden sollen, zu beginnen; aber ich habe fünfhundert Seiten Anmerkungen ins reine geschrieben, die, wie man weiß, den hauptsächlichen Wert und den Umfang der meisten modernen Dichtungen ausmachen.

Während ich, tief versunken in meine Entdeckungen, in meinem Zimmer auf und ab ging, begegnete ich meinem Bett, auf das ich sitzend niedersank; und da meine Hand zufällig auf meine Nachtmütze zu liegen kam, entschloß ich mich, sie auf meinen Kopf zu setzen und mich hinzulegen.

---

[9] Der Autor scheint inzwischen darauf verzichtet zu haben, *Die Gefangene von Pignerol* zu veröffentlichen, da dieses Werk sich zu sehr der Gattung des Romans näherte.

KAP. XII

## KAPITEL XII

Ich war schon eine Viertelstunde lang im Bett und schlief, ganz gegen meine Gewohnheit, immer noch nicht. Dem Einfall meiner Widmungsepistel waren die traurigsten Gedanken gefolgt: meine Kerze, die hinuntergebrannt war, warf nur noch ein flackerndes und trübes Licht aus den Tiefen des Leuchtereinsatzes, und mein Zimmer sah aus wie ein Grab. Plötzlich öffnete ein Windstoß das Fenster, löschte meine Kerze und schlug die Tür heftig zu. Die düstere Farbe meiner Gedanken verstärkte sich mit der Dunkelheit.

Alle meine vergangenen Freuden und alle meine gegenwärtigen Leiden strömten auf einmal in meinem Herzen zusammen und erfüllten es mit Bedauern und Bitterkeit.

Obwohl ich ständig Anstrengungen unternehme, meine Sorgen zu vergessen und sie aus meinen Gedanken fernzuhalten, geschieht es doch manchmal, wenn ich nicht aufpasse, daß sie mir alle gleichzeitig in den Sinn kommen, als öffnete man eine Schleuse. In diesem Fall bleibt mir keine andere Wahl, als mich dem Sturzbach zu überlassen, der mich fortreißt, und meine Gedanken werden dann so düster, und alle Dinge erscheinen

erscheinen mir so dunkel, daß ich für gewöhnlich am Ende über meine eigene Torheit lache; so daß sich das Heilmittel aus der Heftigkeit des Übels selbst ergibt.

Ich befand mich noch ganz im Bann einer dieser schwermütigen Krisen, als ein Teil des Windstoßes, der beim Durchzug mein Fenster geöffnet und meine Tür geschlossen und nach einigen Runden in meinem Zimmer meine Bücher aufgeblättert und ein loses Blatt meiner Reise auf den Boden geweht hatte, sich schließlich in meinen Vorhängen verfing und auf meinen Wangen erstarb. Ich spürte die sanfte Kühle der Nacht, und da ich dies als eine Einladung auffaßte, stand ich sofort auf und stieg auf meine Leiter, um die Ruhe der Natur zu genießen.

## KAPITEL XIII

Das Wetter war klar: die Milchstraße teilte den Himmel wie eine leichte Wolke, von jedem Stern ging ein sanfter Strahl aus, der bis zu mir kam, und als ich einen davon aufmerksam beobachtete, schienen seine Gefährten heller zu funkeln, um meine Blicke auf sich zu ziehen.

Es ist ein immer neuer Reiz für mich, den
Sternenhimmel

Sternenhimmel zu betrachten, und ich brauche mir nicht vorzuwerfen, eine einzige Reise oder auch nur einen einfachen nächtlichen Spaziergang gemacht zu haben, ohne den Wundern des Firmaments den geschuldeten Tribut zu zollen. Obwohl ich bei diesen hehren Betrachtungen die ganze Ohnmacht meines Denkens spüre, finde ich ein unaussprechliches Vergnügen daran, mich damit zu beschäftigen. Es gefällt mir, zu denken, daß es nicht der Zufall ist, der diese Emanationen entfernter Welten zu meinen Augen gelangen läßt, und jeder Stern gießt mit seinem Licht einen Hoffnungsstrahl in mein Herz. Wie? Diese Wunder sollten keine andere Beziehung zu mir haben als die, vor meinen Augen zu funkeln? Und meine Gedanken, die sich zu ihnen erheben, mein Herz, das bei ihrem Anblick Rührung empfindet, sollte ihnen fremd sein?... Als flüchtiger Betrachter eines himmlischen Schauspiels erhebt der Mensch für einen Moment die Augen zum Himmel und schließt sie für immer; aber während dieses kurzen Moments, der ihm vergönnt ist, sendet jeder Stern von allen Punkten des Himmels und den Grenzen des Universums aus einen tröstlichen Strahl in sein Auge, um ihm anzuzeigen, daß zwischen ihm und der Unendlichkeit eine Verbindung besteht und daß er an der Ewigkeit teilhat.

KAP. XIV

## KAPITEL XIV

Indessen beeinträchtigte ein ärgerliches Gefühl das Vergnügen, das ich empfand, als ich mich diesen Überlegungen hingab. Wie wenige Personen, sagte ich mir, genießen in diesem Moment mit mir diesen erhabenen Anblick, den der Himmel für die schlummernden Menschen umsonst aufspannt!... Für die Schlafenden mag es hingehen; aber was würde es diejenigen, die herumspazieren oder in Scharen aus dem Theater kommen, kosten, wenn sie die funkelnden Gestirne, die überall über ihrem Kopf leuchten, einen Moment lang betrachten und bewundern würden? – Nein, die aufmerksamen Zuschauer von Scapin oder von Jocrisse werden nicht geruhen, die Augen zu erheben: sie werden ungerührt nach Hause oder anderswohin gehen, ohne daran zu denken, daß der Himmel existiert. Wie kurios!... weil man ihn oft und umsonst betrachten kann, interessiert er sie nicht. Wäre das Firmament für uns immer verschleiert, und wäre das Schauspiel, das es uns bietet, von einem Veranstalter abhängig, dann wären die besten Logenplätze auf den Dächern unerschwinglich, und die Damen Turins würden sich um meine Dachluke reißen.

»Ach,

»Ach, wenn ich Herrscher eines Landes wäre, rief ich, von einer aufrichtigen Empörung erfaßt, ich würde jede Nacht die Sturmglocke läuten lassen und meine Untertanen, gleich welchen Alters, welchen Geschlechts und welchen Standes, dazu zwingen, sich ans Fenster zu stellen und die Sterne zu beobachten.« Hier war der Verstand, der in meinem Königreich nur in beschränktem Umfang Einwendungen erheben kann, glücklicher als gewöhnlich mit den Vorschlägen, die er mir zu dem unüberlegten Edikt machte, das ich in meinen Staaten ausrufen lassen wollte. »Gnädiger Herr, sagte er zu mir, würde Ihre Majestät nicht besser geruhen, für regnerische Nächte eine Ausnahme zuzulassen, denn in diesem Fall ist der Himmel bedeckt ... – Ausgezeichnet, ausgezeichnet, antwortete ich, daran hatte ich nicht gedacht: Sie werden eine Ausnahme für die regnerischen Nächte notieren. – Gnädiger Herr, fuhr er fort, ich denke, es wäre auch ratsam, die klaren Nächte auszunehmen, in denen es besonders kalt ist und in denen der Nordwind bläst, denn die strenge Ausführung des Edikts würde Ihre glücklichen Untertanen mit Schnupfen und Katarrh niederwerfen.« Ich sah Schwierigkeiten bei der Durchführung meines Plans auf mich zukommen; aber ich bemühte mich, meinen Weg weiterzuverfolgen. »Man wird, sagte ich, an die für Medizin zuständige

zuständige Behörde und an die Akademie der Wissenschaften schreiben müssen, um den Grad des Celsiusschen Thermometers festzulegen, bei dem meine Untertanen davon befreit sind, an das Fenster zu treten; aber ich will, ich verlange unbedingt, daß das Gesetz streng befolgt wird. – Und die Kranken, Herr? – Das versteht sich von selbst; sie sind ausgenommen: die Menschlichkeit hat absoluten Vorrang. – Wenn ich nicht befürchten würde, Ihro Majestät zu ermüden, würde ich ihr noch zu bedenken geben, daß man (für den Fall, daß sie dies für richtig hält und die Angelegenheit keine großen Unannehmlichkeiten bereitet) auch eine Ausnahme zugunsten der Blinden machen könnte, weil sie ja des Sehorgans beraubt sind... – Gut, ist das jetzt alles? unterbrach ich ärgerlich. – Verzeihung, gnädiger Herr; aber die Liebenden? Kann das gütige Herz von Ihro Majestät sie ebenfalls dazu zwingen, die Sterne zu betrachten? – Gut, gut, sagte der König; verschieben wir es; wir werden es mit ausgeruhtem Kopf noch einmal überlegen. Sie werden mir ein ausführliches Memorandum anfertigen.«

Guter Gott! Guter Gott, wieviel man darüber nachdenken muß, ehe man eine obrigkeitliche Anordnung erlassen kann!

KAP. XV

## KAPITEL XV

Es sind nicht die strahlendsten Sterne, die ich mit dem größten Vergnügen betrachte; meine bevorzugten Sterne sind immer die kleinsten gewesen, diejenigen, die, in unermeßlichen Fernen verloren, wie kaum wahrnehmbare Punkte erscheinen. Der Grund dafür ist ganz einfach: Man wird leicht verstehen, daß ich mich ohne Anstrengung in eine Entfernung getragen sehe, in die wenige Menschen vor mir gelangt sind, wenn ich meine Phantasie einen ebenso weiten Weg von der anderen Seite des Himmelsgewölbes aus zurücklegen lasse, wie meine Blicke von hier aus zurücklegen, um zu den Sternen zu gelangen; und wenn ich mich bei ihnen befinde, wundere ich mich, daß ich immer noch am Anfang dieses weiten Universums bin: denn ich glaube, es wäre lächerlich, sich vorzustellen, daß es eine Grenze gibt, jenseits der das Nichts beginnt, als ob das Nichts leichter zu begreifen wäre als das Existierende! Hinter dem letzten Stern stelle ich mir noch einen vor, der bestimmt auch noch nicht der letzte sein wird. Wenn man der Schöpfung Grenzen setzen würde, und seien sie noch so weit entfernt, erschiene mir das Universum nur noch
wie

wie ein leuchtender Punkt im Vergleich zu der Unendlichkeit des leeren Raums, der es umgibt, zu diesem schrecklichen und finsteren Nichts, in dessen Mitte das Universum wie eine einsame Lampe aufgehängt wäre.

Hier bedeckte ich meine Augen mit beiden Händen, um jede Art von Ablenkung von mir fernzuhalten und meinen Gedanken die Tiefe zu verleihen, die ein solcher Gegenstand erfordert; und indem ich eine übernatürliche geistige Anstrengung machte, entwickelte ich ein Weltsystem, das vollständigste, das es bisher gibt. Hier ist es in allen seinen Einzelheiten; es ist das Ergebnis der Betrachtungen meines ganzen Lebens.

»Ich glaube, da der Raum ...«

Aber dies verdient ein eigenes Kapitel, und in Anbetracht der Bedeutung des Gegenstands wird es das einzige meiner Reise sein, das einen Titel trägt.

KAP. XVI

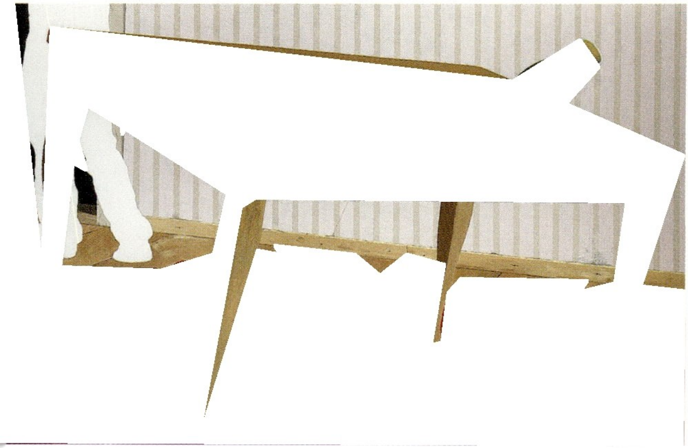

## KAPITEL XVI

*Das Weltsystem*

Ich glaube also, daß, da der Raum unendlich ist, die Schöpfung es auch ist, und daß Gott in seiner Ewigkeit eine Unendlichkeit von Welten in der Grenzlosigkeit des Raums geschaffen hat.

## KAPITEL XVII

Ich gebe indessen ehrlich zu, daß ich mein System auch nicht besser verstehe als all die anderen Systeme, die bis auf den heutigen Tag von dem Einfallsreichtum der alten und neuen Philosophen ausgebrütet wurden; aber das meine hat den unschätzbaren Vorzug, so umfassend es ist, in vier Zeilen enthalten zu sein. Der nachsichtige Leser sollte außerdem beachten, daß es ausschließlich auf dem Gipfel einer Leiter entwickelt wurde. Dennoch hätte ich es mit Anmerkungen und Kommentaren verschönert, wenn ich nicht in dem Augenblick, als ich am heftigsten mit meinem Gegenstand beschäftigt war, durch bezaubernde Töne

Töne abgelenkt worden wäre, die angenehm an mein Ohr schlugen. Eine Stimme, wie ich sie nie melodischer vernommen hatte, ohne die Zénéides auszunehmen, eine dieser Stimmen, die immer in Einklang mit allen Fasern meines Herzens sind, sang ganz nahe bei mir eine Romanze, von der mir kein Wort entging und die nie aus meinem Gedächtnis schwinden wird. Während ich aufmerksam zuhörte, entdeckte ich, daß die Stimme aus einem Fenster kam, das unterhalb dem meinen lag: unglücklicherweise konnte ich es nicht sehen, weil der Dachrand, über dem sich meine Luke erhob, es vor meinen Augen verbarg. Indessen wuchs der Wunsch, die Sirene, die mich mit ihren Akkorden entzückte, zu sehen, gleichzeitig mit dem Zauber der Romanze, deren rührende Worte dem gefühllosesten Wesen Tränen entlockt hätten. Da ich meiner Neugier nicht lange zu widerstehen vermochte, erklomm ich die letzte Sprosse der Leiter, setzte einen Fuß auf den Dachrand und beugte mich, auf die Gefahr hin, hinabzustürzen, über die Straße, indem ich mich mit einer Hand am Fensterrahmen festhielt.

Da sah ich auf einem Balkon zu meiner Linken, etwas unterhalb von mir, eine junge Frau in einem weißen Negligé: sie stützte ihren Kopf in die Hand, und er war hinreichend geneigt, um im Schein der Sterne das interessante Profil erkennen zu zu lassen; ihre Haltung schien dazu erdacht, einem Luftreisenden wie mir eine schlanke, wohlgebildete Gestalt in ihrem ganzen Glanz zu zeigen; einer ihrer nackten Füße, der nachlässig nach hinten gestreckt war, nahm eine Position ein, die es mir erlaubte, trotz der Dunkelheit seine geglückten Proportionen zu erkennen, während ein hübscher, kleiner Pantoffel, der daneben lag, diese meinem neugierigen Auge noch besser verdeutlichte. Ich überlasse es Ihnen, teure Sophie, sich die Peinlichkeit meiner Situation vorzustellen: Ich wagte weder den geringsten Laut von mir zu geben, aus Angst, meine schöne Nachbarin zu erschrecken, noch die geringste Bewegung zu machen, aus Angst, auf die Straße hinabzustürzen.

Da entschlüpfte mir gegen meinen Willen ein Seufzer; aber es gelang mir gerade noch, ihn halb zurückzuhalten; der Rest wurde von einem vorbeiwehenden Zephyr weggetragen, und ich konnte in aller Muße die Träumerin beobachten, wobei die Hoffnung, sie noch einmal singen zu hören, mich in meiner gefährlichen Lage festhielt. Aber ach! Die Romanze war zu Ende, und mein widriges Geschick ließ die Sängerin hartnäckig schweigen. Nachdem ich ziemlich lange gewartet hatte, glaubte ich endlich, es wagen zu können, sie anzusprechen: es ging nur noch darum, ein
Kompliment

Kompliment zu finden, das ihrer und der Gefühle, die sie in mir geweckt hatte, würdig war. Ach, wie bedauerte ich, daß ich meine Widmungsepistel nicht fertiggemacht hatte! Wie gut hätte ich sie bei dieser Gelegenheit zum Einsatz bringen können! Aber meine Geistesgegenwart ließ mich in der Not nicht im Stich. Beflügelt durch den milden Einfluß der Sterne und durch den noch wirksameren Wunsch, bei einer Schönen erfolgreich zu sein, sagte ich, nachdem ich leicht gehüstelt hatte, um sie zu warnen und um den Klang meiner Stimme sanfter zu machen, mit dem gefühlvollsten Ton, der mir möglich war:

»Es ist sehr schönes Wetter heute nacht.«

## KAPITEL XVIII

Ich glaube, von hier aus zu hören, wie Madame de Hautcastel, die mir nichts nachsieht, von mir Bericht fordert über die Romanze, die ich im letzten Kapitel erwähnt habe. Zum ersten Mal in meinem Leben sehe ich mich gezwungen, ihr etwas zu verweigern. Wenn ich diese Verse in meine Reise einrückte, würde ich unfehlbar für den Verfasser gehalten, was mir im Hinblick auf die notwendigen heftigen Stöße mehr als einen schlechten

schlechten Scherz eintragen würde, und das will ich vermeiden. Ich werde deshalb den Bericht über mein Abenteuer mit meiner liebenswerten Nachbarin fortsetzen, ein Abenteuer, dessen unerwartetes tragisches Ende ebenso wie das Zartgefühl, das ich dabei bewies, dazu geschaffen sind, das Interesse aller Leserschichten zu gewinnen. Aber ehe ich mitteile, was sie mir geantwortet hat und wie das einfallsreiche Kompliment, das ich ihr machte, aufgenommen wurde, muß ich zunächst gewissen Personen antworten, die glauben, sie seien beredter als ich, und die mich gnadenlos dafür verdammen werden, daß ich die Unterhaltung auf eine, ihrer Meinung nach, so platte Weise begonnen habe. Ich werde ihnen beweisen, daß ich offen gegen die Regeln der Klugheit und des guten Geschmacks verstoßen hätte, wenn ich mich bei dieser wichtigen Gelegenheit geistreich gezeigt hätte. Jeder Mann, der ein Gespräch mit einer Schönen beginnt, indem er einen Scherz anbringt oder indem er ein Kompliment macht – es mag so schmeichelhaft sein, wie es will –, läßt Absichten erkennen, die nicht hervortreten dürfen, ehe sie beginnen, begründet zu sein. Außerdem ist es offensichtlich, daß er zu glänzen versucht, wenn er sich geistreich zeigt, und daß er folglich weniger an seine Dame als an sich denkt. Die Damen wollen jedoch, daß man sich mit
ihnen

ihnen beschäftigt; und obwohl sie nicht immer genau die gleichen Überlegungen anstellen, wie ich sie soeben beschrieben habe, besitzen sie ein ausgezeichnetes und natürliches Gespür, das ihnen sagt, daß ein platter Satz, der ausschließlich deshalb ausgesprochen wird, um eine Unterhaltung anzuknüpfen und um sich ihnen zu nähern, tausendmal besser ist als ein witziger Einfall, den die Eitelkeit diktiert, und noch besser (was sehr verwunderlich erscheinen mag) als eine Widmungsepistel in Versen. Darüber hinaus bin ich der Meinung (selbst wenn meine Ansicht für paradox gehalten werden sollte), daß dieser leichte und brillierende Geist der Konversation nicht einmal in einer sehr langen Beziehung erforderlich ist, wenn diese wirklich tief im Herzen verankert ist; und trotz allem, was Personen, die nur halbherzig geliebt haben, von den langen Pausen erzählen, die die lebhaften Empfindungen der Liebe und Freundschaft bei ihnen aufkommen lassen, ist der Tag immer kurz, wenn man ihn bei seiner Freundin verbringt, und das Schweigen ist ebenso interessant wie die Unterhaltung.

Mit meiner Rede sei es, wie es wolle, sicher ist, daß mir am Rand des Daches, wo ich mich befand, nichts Besseres einfiel als die erwähnten Worte. Ich hatte sie noch kaum ausgesprochen, als meine Seele sich ganz in das Trommelfell meiner

meiner Ohren versetzte, um die Klänge, die ich zu hören hoffte, bis in ihre kleinsten Schwingungen zu vernehmen. Die Schöne hob den Kopf, um mich anzusehen: ihre langen Haare fielen herab wie ein Schleier und dienten ihrem reizenden Gesicht, auf dem sich das geheimnisvolle Licht der Sterne widerspiegelte, als Hintergrund. Ihr Mund war schon halb geöffnet, ihre süßen Worte näherten sich dem Lippenrand ...

Aber, o Himmel! Welche Überraschung und welcher Schrecken! ... Ein unheilvolles Geräusch war zu hören: »Madame, was machen Sie hier um diese Zeit? Kommen Sie herein!« sagte eine männliche, laute Stimme im Innern der Wohnung.

Ich war wie versteinert.

## KAPITEL XIX

So muß das Geräusch sein, das die Schuldigen in Schrecken versetzt, wenn sich die glühenden Pforten des Tartarus plötzlich vor ihnen auftun; oder auch dasjenige, das die sieben Wasserfälle des Styx, von denen die Dichter zu erzählen vergessen haben, unter den Gewölben der Hölle machen.

## KAPITEL XX

In diesem Moment flog ein Irrlicht über den Himmel und verschwand gleich darauf. Meine Augen, die durch die Helligkeit des Gestirns einen Moment lang abgelenkt worden waren, wandten sich wieder dem Balkon zu und sahen dort nur noch den kleinen Pantoffel. Meine Nachbarin hatte bei ihrem überstürzten Rückzug vergessen, ihn mitzunehmen. Lange betrachtete ich diese hübsche Hülle eines Fußes, der des Meißels eines Praxiteles würdig gewesen wäre, mit einer Rührung, deren ganze Gewalt ich nicht einzugestehen wage; aber was sehr merkwürdig scheinen könnte, und was ich mir selbst nicht erklären kann, war, daß ein unbezwinglicher Zauber mich daran hinderte, meine Augen von dem Pantoffel abzuwenden, trotz aller Anstrengungen, die ich unternahm, um sie anderen Gegenständen zuzuwenden.

Man erzählt, wenn eine Schlange eine Nachtigall ansehe, dann werde der unglückliche Vogel Opfer eines unwiderstehlichen Zaubers und gezwungen, sich dem gierigen Reptil zu nähern. Seine raschen Schwingen dienen ihm nur noch dazu, ihn in sein Verderben zu führen, und jede Anstrengung,

Anstrengung, die er unternimmt, um sich zu entfernen, bringt ihn dem Feind näher, der ihn mit seinem gnadenlosen Blick verfolgt. Die gleiche Wirkung übte der Pantoffel auf mich aus, ohne daß ich indessen mit Sicherheit sagen könnte, wer – der Pantoffel oder ich – die Schlange war, weil die Anziehungskraft nach den Gesetzen der Physik gegenseitig sein muß. Soviel steht fest, dieser verhängnisvolle Einfluß war kein Spiel meiner Phantasie. Ich wurde so real und so heftig angezogen, daß ich zweimal im Begriff war, meine Hand zu lockern und mich fallen zu lassen. Da aber der Balkon, auf den ich wollte, nicht genau unter meinem Fenster lag, sondern etwas seitlich davon, sah ich sehr gut, daß ich, da die von Newton erfundene Schwerkraft sich mit der schrägen Anziehungskraft des Pantoffels vereinigte, mit meinem Sturz eine Diagonale beschreiben und auf einem kleinen Altan landen würde, der mir von der Höhe aus, in der ich mich befand, nicht größer als ein Ei vorkam, das heißt, daß ich mein Ziel verfehlen würde ...

Ich klammerte mich also noch fester an das Fenster, und mit einem Akt der Überwindung gelang es mir, die Augen zu heben und den Himmel zu betrachten.

KAP. XXI

# KAPITEL XXI

Es würde mir sehr schwerfallen, die Art des Vergnügens genauer zu erklären und zu beschreiben, das ich bei dieser Gelegenheit empfand. Alles, was ich versichern kann, ist, daß es nichts mit dem gemeinsam hatte, das mir einige Minuten zuvor der Anblick der Milchstraße und des Sternenhimmels verschaffte. Da ich mir jedoch auch in den peinlichsten Situationen meines Lebens immer gerne Rechenschaft über das abgelegt habe, was in meiner Seele vorgeht, wollte ich mir bei dieser Gelegenheit ebenfalls eine genaue Vorstellung von dem Vergnügen machen, das ein Ehrenmann empfinden kann, wenn er den Pantoffel einer Dame betrachtet, und dieses Gefühl mit dem vergleichen, das ihm die Betrachtung der Sterne verschafft. Zu diesem Zweck wählte ich das auffälligste Sternbild am Himmel. Es war, wenn ich mich nicht irre, der Stuhl der Kassiopeia, der sich über meinem Kopf befand, und ich betrachtete abwechselnd das Sternbild und den Pantoffel, den Pantoffel und das Sternbild. Ich bemerkte, daß die beiden Empfindungen ganz verschiedener Natur waren: die eine war in meinem Kopf, während die andere,

dere, wie mir schien, ihren Sitz in der Region des Herzens hatte. Aber ich gestehe nicht ohne eine gewisse Scham, daß die Anziehung, die mich zu dem bezaubernden Pantoffel zog, alle meine Kräfte absorbierte. Die Begeisterung, die noch kurze Zeit zuvor der Anblick des Sternenhimmels in mir ausgelöst hatte, war nur noch schwach, und sie verflüchtigte sich vollends, als ich hörte, daß die Balkontür wieder geöffnet wurde, und sah, wie ein kleiner Fuß, weißer als Alabaster, sich sachte vorwärts bewegte und sich der kleinen Hülle bemächtigte. Ich wollte etwas sagen, aber da ich nicht, wie beim ersten Mal, Zeit gehabt hatte, mir etwas zurechtzulegen, und mich meine Geistesgegenwart im Stich ließ, hörte ich, noch ehe mir etwas Passendes eingefallen war, wie sich die Balkontür schloß.

## KAPITEL XXII

Die vorigen Artikel werden ausreichen, um eine Klage Madame de Hautcastels schlagend zu beantworten, die sich nicht gescheut hat, meine erste Reise mit dem Einwand zu tadeln, man habe dabei keine Gelegenheit zur Liebe. Der neuen Reise kann sie diesen Vorwurf nicht machen; und
obwohl

obwohl das Abenteuer mit meiner liebenswerten Nachbarin nicht weit gediehen ist, kann ich versichern, daß ich dabei mehr Befriedigung fand, als bei manch anderer Gelegenheit, bei der ich mir glücklich vorkam, weil ich keine Vergleichsmöglichkeiten hatte. Jeder genießt das Leben auf seine Weise; aber ich würde glauben, das, was ich dem geneigten Leser schulde, zu versäumen, wenn ich ihm eine Entdeckung vorenthielte (natürlich unter der Bedingung, daß es unter uns bleibt), die bisher mehr als alles andere zu meinem Glück beigetragen hat; denn es handelt sich um nichts weniger, als um eine neue Methode zu lieben, die wesentlich vorteilhafter ist als die vorangehende, ohne irgendeinen ihrer zahlreichen Nachteile zu haben. Da diese Entdeckung speziell für Personen bestimmt ist, die sich meine neue Reiseart zu eigen machen wollen, glaube ich, einige Kapitel der näheren Unterrichtung darüber widmen zu sollen.

## KAPITEL XXIII

Im Laufe meines Lebens habe ich beobachtet, daß meine Empfindungen niemals meinen Hoffnungen entsprachen und meine Phantasie sich in
allen

allen ihren Erwartungen getäuscht sah, wenn ich nach der alten Methode liebte. Als ich aufmerksam darüber nachdachte, kam ich darauf, daß ich mir, ohne mich im geringsten dadurch zu kompromittieren, neue Genüsse verschaffen könnte, wenn es mir gelänge, das Gefühl, das mich einen Menschen lieben läßt, auf das ganze Geschlecht, das Gegenstand der Liebe ist, auszudehnen. Welchen Vorwurf könnte man in der Tat einem Mann machen, der ein so starkes Herz besitzt, daß er alle liebenswerten Frauen des Universums zu lieben vermag? Ja, Madame, ich liebe sie alle, und nicht nur die, die ich kenne oder denen ich zu begegnen hoffe, nein, alle, die auf der Erdoberfläche existieren. Darüber hinaus liebe ich alle Frauen, die jemals existiert haben und die in Zukunft existieren werden, nicht eingerechnet die Zahl derer, die meine Phantasie aus dem Nichts hervorzaubert. Alle nur möglichen Frauen sind am Ende in den weiten Kreis meiner Zuneigung eingeschlossen.

Welche ungerechte und absonderliche Laune sollte mich dazu veranlassen, ein Herz wie das meine in den engen Rahmen eines Gesellschaftszirkels einzusperren? Was sage ich! Warum sollte der Höhenflug meines Herzens an den Grenzen eines Königreichs oder selbst einer Republik haltmachen?

Am

Am Fuß einer sturmgepeitschten Eiche sitzend, mischt eine frisch verwitwete junge Inderin ihre Seufzer in das Getöse der entfesselten Winde. Die Waffen des Kriegers, den sie liebte, hängen über ihrem Haupt, und das grauenerregende Geräusch, das diese beim Aneinanderschlagen hören lassen, weckt die Erinnerung an ihr vergangenes Glück in ihrem Herzen. Währenddessen zucken die Blitze durch die Wolken, und ihr bleiernes Licht spiegelt sich in den starren Augen der Frau wider. Der Scheiterhaufen, auf dem sie verbrannt werden soll, ist aufgeschichtet, und alleine, ohne Trost, in hoffnungsloser Verzweiflung, erwartet sie einen schrecklichen Tod, den sie, eines grausamen Vorurteils wegen, dem Leben vorzieht.

Welch einen sanften und melancholischen Genuß muß ein feinfühliger Mann empfinden, wenn er sich der Unglücklichen nähert, um sie zu trösten! Während ich, neben ihr im Gras sitzend, versuche, sie von dem entsetzlichen Opfertod abzubringen, und mich, indem ich meine Seufzer mit ihren Seufzern und meine Tränen mit ihren Tränen vermische, bemühe, ihr ihren Kummer zu erleichtern, eilt die ganze Stadt zu Madame d'A..., deren Mann soeben an einem Schlaganfall gestorben ist. Auch sie ist entschlossen, ihr Unglück nicht zu überleben, und, gleichgültig gegenüber den Tränen und den Gebeten ihrer Freunde,

Freunde, läßt sie sich verhungern; seit heute früh, als man ihr unvorsichtigerweise die Nachricht übermittelte, hat die Unglückliche nur einen Zwieback gegessen und ein kleines Glas Malaga getrunken. Ich schenke dieser Frau das Maß an Aufmerksamkeit, das erforderlich ist, um nicht dem Gesetz meines Systems zuwiderzuhandeln, und ich entferne mich bald wieder aus ihrem Haus, weil ich natürlich eifersüchtig bin und mich weder mit einer Menge Trostspendender gemein machen will noch mit Personen, die zu leicht zum Trösten bereit sind.

Die unglücklichen Schönheiten haben besondere Rechte auf mein Herz, und der Tribut an Mitgefühl, den ich ihnen zolle, schwächt in keiner Weise das Interesse, das ich denen entgegenbringe, die glücklich sind. Diese Veranlagung bringt eine unendliche Abwechslung in meine Vergnügungen und erlaubt mir, zwischen Melancholie und Heiterkeit oder sentimentaler Ruhe und Begeisterung hin- und herzupendeln.

Häufig erfinde ich auch Liebesintrigen in der antiken Geschichte, und ich lösche ganze Zeilen in den alten Listen des Schicksals aus. Wie viele Male habe ich nicht schon der mörderischen Hand des Virginius Einhalt geboten und das Leben seiner unglücklichen Tochter gerettet, die sowohl das Opfer einer Freveltat als übermäßiger Tugend wurde!

wurde! Dieses Ereignis erfüllte mich mit Entsetzen, als ich mich wieder daran erinnerte; ich wundere mich nicht, daß es Anlaß zu einer Revolution gab.

Ich hoffe, daß mir sowohl die vernünftigen Personen wie auch die mitfühlenden Seelen Dank dafür wissen, daß ich diese Angelegenheit gütlich beigelegt habe; und jedermann, der die Welt ein wenig kennt, wird meine Meinung teilen, daß der Dezemvir, dieser leidenschaftliche Mann, wenn man ihn hätte gewähren lassen, es nicht verfehlt hätte, der Tugend Virginias Gerechtigkeit widerfahren zu lassen: die Eltern hätten eingegriffen; der Vater Virginius hätte sich am Ende beruhigt, und die Heirat wäre in aller Form nach den Vorschriften des Gesetzes erfolgt.

Aber was wäre aus dem armen, verlassenen Liebhaber geworden? Nun, was hat der Liebhaber denn mit diesem Mord gewonnen? Aber da Sie mit seinem Schicksal Mitleid haben wollen, meine liebe Marie, lasse ich Sie wissen, daß er sechs Monate nach Virginias Tod nicht nur getröstet, sondern auch sehr glücklich verheiratet war und daß er sich, nachdem er mehrere Kinder bekommen und seine Frau verloren hatte, sechs Monate später mit der Witwe eines Volkstribuns verheiratete. Diese Umstände, die bisher unbekannt waren, wurden von einem gelehrten italienischen

nischen Altertumsforscher in einem Palimpsest der Ambrosianischen Bibliothek entdeckt und dechiffriert. Unglücklicherweise vermehren sie die abscheuliche und ohnehin schon zu lange Geschichte der Römischen Republik um eine Seite.

## KAPITEL XXIV

Nachdem ich die interessante Virginia gerettet habe, entziehe ich mich bescheiden ihrer Dankbarkeit; und immer bestrebt, den Schönen einen Dienst zu erweisen, nutze ich eine regnerische Nacht und schleiche mich zum Grab einer jungen Vestalin, die der römische Senat barbarischerweise lebendig hatte begraben lassen, weil sie das heilige Feuer der Vesta erlöschen ließ, oder vielleicht auch, weil sie sich daran leicht verbrannte. Ich gehe schweigend durch die abgelegenen Straßen Roms, mit dem innerlichen Wonnegefühl, das guten Taten vorausgeht, insbesondere wenn sie nicht gefahrlos sind. Sorgfältig vermeide ich das Kapitol, aus Angst, die Gänse zu wecken, dann schlüpfe ich durch die Wachen an der Porta Collina und erreiche glücklich, ohne gesehen zu werden, das Grab.

Bei

Bei dem Geräusch, das ich mache, als ich die Grabplatte anhebe, nimmt die Unglückliche ihr zerzaustes Haupt vom feuchten Boden der Gruft. Im Schein der Totenlampe sehe ich, wie sie verstörte Blicke um sich wirft: das unglückliche Opfer glaubt in seinem Wahn, es sei schon an den Ufern des Kokytos. »O Minos! ruft sie aus, o unerbittlicher Richter! Es ist wahr, ich liebte auf Erden, ich verstieß gegen die strengen Gesetze Vestas. Wenn die Götter ebenso barbarisch sind wie die Menschen, dann öffne, öffne für mich die Abgründe des Tartarus! Ich liebte, und ich liebe noch immer. – Nein, nein, du bist noch nicht im Totenreich; komm, junge Unglückliche, kehre auf die Erde zurück! Werde dem Licht und der Liebe wiedergeboren!« Unterdessen ergreife ich ihre von der Grabeskälte eisige Hand; ich hebe sie mit meinen Armen hoch, ich drücke sie an mein Herz, und ich entreiße sie endlich, zitternd vor Angst und Dankbarkeit, diesem entsetzlichen Ort.

Glauben Sie ja nicht, Madame, der Beweggrund für diese gute Tat sei irgendein persönliches Interesse gewesen. Die Hoffnung, die schöne Vestalin zu meinen Gunsten umzustimmen, spielte nicht die geringste Rolle bei dem, was ich für sie tat; andernfalls wäre ich wieder in die alte Methode zurückgefallen: Ich kann mit dem Ehrenwort des Reisenden versichern, daß ich während

während unseres Spaziergangs von der Porta Collina bis zu der Stelle, wo sich jetzt die Grabstätte der Scipionen befindet, selbst in den Augenblicken, in denen ihre Schwäche mich nötigte, sie in meinen Armen zu halten, nicht aufgehört habe, sie mit der Aufmerksamkeit und dem Respekt zu behandeln, die ihrem Unglück gebühren, und daß ich sie gewissenhaft ihrem Liebhaber übergab, der sie auf der Straße erwartete.

## KAPITEL XXV

Ein anderes Mal war ich, durch meine Träumereien dorthin geführt, zufällig bei der Entführung der Sabinerinnen dabei: Ich sah mit großem Erstaunen, daß die Sabiner die Angelegenheit ganz anders auffaßten, als sie durch die Geschichte überliefert wird. Da ich nichts mit diesem Tumult zu tun hatte, bot ich einer Frau, die floh, meine Hilfe an; und ich konnte, während ich sie begleitete, nicht umhin zu lachen, als ich einen wütenden Sabiner mit dem Ausdruck der Verzweiflung rufen hörte: »Unsterbliche Götter! Warum habe ich nur meine Frau nicht zu diesem Fest mitgenommen!«

## KAPITEL XXVI

Mein Herz ist – soll ich es sagen, und wird man mir glauben? – mit einer solchen Fülle an Zärtlichkeit begabt, daß außer für die Hälfte des Menschengeschlechts, der ich eine so starke Zuneigung entgegenbringe, auch noch ein guter Teil davon für andere Lebewesen und selbst für die unbelebten Dinge übrigbleibt. Ich liebe die Bäume, die mir Schatten spenden, und die Vögel, die unter ihrem Dach zwitschern, und den nächtlichen Ruf der Eule und das Tosen der Flüsse: ich liebe alles ... ich liebe den Mond!

Sie lachen, Mademoiselle; es ist leicht, Gefühle, die man nicht empfindet, ins Lächerliche zu ziehen; aber die Herzen, die dem meinen gleichen, werden mich verstehen.

Ja, mein Herz hängt mit einer wahren Leidenschaft an allem, was mich umgibt. Ich liebe die Wege, auf denen ich gehe, und die Quelle, aus der ich trinke; ich trenne mich nur schwer von dem Zweig, den ich zufällig von einer Hecke gebrochen habe: ich schaue ihn noch einmal an, ehe ich ihn wegwerfe; wir haben schon Bekanntschaft geschlossen: ich bedaure die Blätter, die zu Boden fallen, ja selbst den vorbeiwehenden Zephyr.

Zephyr. Wo ist der Windhauch geblieben, der deine schwarzen Haare bewegte, Elisa, als du am Abend vor unserer endgültigen Trennung neben mir an den Ufern der Doire gesessen hast und mich mit traurigem Schweigen ansahst? Wo ist dein Blick? Wo ist dieser schmerzliche und süße Moment?

O Zeit!... Entsetzliche Gottheit! Nicht deine grausame Sense schreckt mich; ich fürchte nur deine abscheulichen Kinder, die Gleichgültigkeit und das Vergessen, die drei Viertel unseres Lebens zu einem langsamen Tod machen.

Ach, dieser Zephyr, dieser Blick, dieses Lächeln, sie sind so fern von mir wie die Abenteuer Ariadnes! Auf dem Grund meines Herzens sind nur Bedauern und vergebliche Erinnerungen zurückgeblieben: ein trauriges Gemisch, auf dem mein Leben noch weiterschwimmt, wie ein vom Sturm zerschelltes Schiff, das noch einige Zeit auf dem Meer dahintreibt.

KAP. XXVII

## KAPITEL XXVII

Bis das Wasser langsam durch die geborstenen Planken eindringt und das unglückliche Schiff, vom Abgrund verschlungen, verschwindet; die Wogen bedecken es, der Sturm legt sich, und die Seeschwalbe streicht über die einsame und ruhige Fläche des Ozeans.

## KAPITEL XXVIII

Ich sehe mich gezwungen, die Erklärung meiner neuen Methode zu lieben hier abzubrechen, denn ich bemerke, daß sie düstere Züge annimmt. Es wird jedoch nicht unangebracht sein, noch einige Erläuterungen zu dieser Entdeckung anzufügen, da sie nicht für jedermann und nicht für jedes Alter gleichermaßen geeignet ist. Ich werde niemandem empfehlen, sie mit zwanzig Jahren anzuwenden; der Erfinder selbst gebrauchte sie in dieser Lebensepoche auch noch nicht. Um den größtmöglichen Nutzen daraus ziehen zu können, muß man alles Leid der Welt erfahren haben, ohne entmutigt, und alle Genüsse, ohne davon abgestoßen

gestoßen zu werden. Eine schwierige Sache! Die Methode ist vor allem in dem Alter nützlich, in dem die Vernunft uns rät, den Gewohnheiten der Jugend zu entsagen, und sie kann als Vermittlung und unsichtbarer Übergang zwischen dem Vergnügen und der Mäßigung dienen. Dieser Übergang ist sehr schwierig, wie alle Moralisten bemerkt haben. Wenige Menschen haben den rühmlichen Mut, ihn mit Anstand zu überwinden; und wenn sie den Schritt getan haben, langweilen sie sich häufig auf der anderen Seite und kehren mit grauen Haaren und zu ihrer Schande wieder über den Graben zurück. Durch meine neue Methode werden sie das mühelos vermeiden können. Da die meisten unserer Vergnügungen tatsächlich nichts anderes als ein Spiel unserer Phantasie sind, ist es wichtig, dieser ein unschuldiges Betätigungsfeld anzubieten, um sie von den Dingen abzubringen, auf die wir verzichten müssen, fast so, wie man Kindern Spielzeug gibt, wenn man ihnen Süßigkeiten verweigert. Auf diese Weise gewinnt man Zeit, auf dem Gebiet der Mäßigung Fuß zu fassen, ohne sich schon dort zu glauben, und man erreicht dies mittels einer Liebhaberei, was vielen Leuten den Zugang außerordentlich erleichtern wird.

Ich glaube also, mich in der Hoffnung, nützlich zu sein, die mich zur Feder greifen ließ, nicht getäuscht

täuscht zu haben, und ich muß mich nur noch vor der natürlichen Regung der Eigenliebe in acht nehmen, die ich jedoch mit Recht empfinden könnte, wo ich den Menschen solche Wahrheiten enthülle.

## KAPITEL XXIX

Über all diesen vertraulichen Mitteilungen werden Sie, meine teure Sophie, hoffentlich nicht die unbequeme Lage vergessen haben, in der sie mich an meinem Fenster zurückließen. Die Erregung, in die mich der Anblick des hübschen Fußes meiner Nachbarin versetzt hatte, hielt noch an, und ich war mehr denn je dem gefährlichen Charme des Pantoffels verfallen, als ein unvorhergesehenes Ereignis mich der Gefahr, von der fünften Etage auf die Straße hinunterzufallen, entriß. Eine Fledermaus, die um das Haus herumschwirrte und die mich, da sie so lange keine Bewegung an mir wahrnahm, offensichtlich für einen Schornstein hielt, ließ sich plötzlich auf mir nieder und klammerte sich an meinem Ohr fest. Ich spürte die schreckliche Kälte ihrer feuchten Schwingen auf meiner Wange. Alle Echos von Turin antworteten auf den wilden Schrei, den ich unwillkürlich ausstieß. Die Wachposten in der Ferne

Ferne riefen ihr »Wer da?«, und ich hörte unten auf der Straße die überstürzten Schritte einer Patrouille. Ich gab die Aussicht auf den Balkon, der keinerlei Anziehungskraft mehr für mich besaß, ohne große Anstrengung auf. Die Nachtkälte hatte mich gepackt. Ein leichtes Frösteln durchrieselte mich von Kopf bis Fuß; und als ich meinen Hausmantel übereinanderschlug, um mich zu wärmen, bemerkte ich zu meinem großen Bedauern, daß das Kältegefühl, zusammen mit der Attacke der Fledermaus, ausgereicht hatte, um meinen Gedanken erneut eine andere Richtung zu geben. Der magische Pantoffel hätte in diesem Augenblick nicht mehr Einfluß auf mich ausgeübt als das Haupthaar der Berenike oder irgendein anderes Sternbild. Ich überlegte auf der Stelle, wie unvernünftig es wäre, die Nacht den Unbilden der Witterung ausgesetzt zu verbringen, anstatt der Stimme der Natur zu folgen, die uns Schlaf verordnet. Mein Verstand, der in diesem Moment allein in mir tätig war, bewies mir dies so deutlich wie einen Satz Euklids. Das heißt, ich wurde auf einen Schlag der Phantasie und der Begeisterung beraubt und sah mich hilflos der traurigen Wirklichkeit ausgeliefert. Beklagenswertes Dasein! Man könnte ebensogut ein dürrer Baum im Wald oder ein Obelisk mitten auf einem Platz sein.

»Was

»Was für zwei merkwürdige Maschinen, rief ich aus, sind doch der Kopf und das Herz! Von diesen beiden Kräften wird der Mensch bei seinen Handlungen abwechselnd in zwei verschiedene Richtungen gelenkt, und die, die er zuletzt einschlägt, erscheint ihm immer die bessere zu sein! O Torheit der Begeisterung und des Gefühls, sagt der kalte Verstand. O Schwäche und Unsicherheit des Verstands, sagt das Gefühl. Wer könnte, wer wagte jemals, sich zwischen ihnen zu entscheiden?«

Ich dachte, es wäre gut, die Frage an Ort und Stelle zu behandeln und ein für allemal zu entscheiden, welchem dieser beiden Führer ich mich für den Rest meines Lebens anvertrauen wollte. »Soll ich zukünftig meinem Kopf oder meinem Herzen folgen? Wir wollen es untersuchen.«

## KAPITEL XXX

Als ich diese Worte aussprach, spürte ich einen dumpfen Schmerz in demjenigen meiner Füße, der auf der Leiter stand. Im übrigen war ich sehr ermüdet von der unbequemen Haltung, die ich bisher eingenommen hatte; ich ließ mich langsam hinunter, um mich zu setzen; und indem ich meine

meine Beine links und rechts vom Fenster hinabbaumeln ließ, begann ich meine Reise zu Pferd. Diese Art zu reisen habe ich schon immer jeder anderen vorgezogen, und ich liebe Pferde leidenschaftlich; von allen jedoch, die ich jemals gesehen habe oder über die ich habe reden hören, hätte ich am liebsten das Holzpferd besessen, von dem in *Tausend und einer Nacht* die Rede ist, das, mit dem man in den Lüften reisen kann und das wie der Blitz losschießt, wenn man an einem kleinen Zapfen zwischen seinen Ohren dreht.

Nun, man wird bemerken, daß mein Reittier dem aus *Tausend und einer Nacht* sehr ähnlich ist. Durch seine Position hält der Reisende zu Pferd auf seinem Fenster einerseits die Verbindung zum Himmel und genießt das eindrucksvolle Schauspiel der Natur; die Meteore und Sterne scheinen ihm greifbar nahe; auf der anderen Seite führt ihn der Anblick seiner Wohnung und der Dinge, die sie enthält, wieder in die Wirklichkeit seines Daseins und zu sich selbst zurück. Eine einzige Bewegung des Kopfes ersetzt den Zauberzapfen und genügt, um in der Seele des Reisenden eine ebenso rasche wie ungewöhnliche Veränderung zu bewirken. Sein Geist und sein Herz sind abwechselnd Bewohner der Erde und des Himmels und durchlaufen alle Genüsse, die dem Menschen zu empfinden vergönnt sind.

Ich

Ich ahnte im voraus den ganzen Vorteil, den ich aus meinem Reitpferd würde ziehen können. Als ich fest und bequem im Sattel saß und sicher war, daß ich weder Räuber noch Fehltritte meines Pferds zu befürchten hatte, hielt ich die Gelegenheit für äußerst günstig, mich der Untersuchung des Problems zu widmen, das ich noch lösen mußte, nämlich wem der Vorrang gebührt, dem Verstand oder dem Gefühl. Aber gleich bei der ersten Überlegung geriet ich ins Stocken. »Steht es mir zu, mich zum Richter in einer solchen Sache zu machen? sagte ich insgeheim zu mir; mir, dessen innere Stimme von vornherein dem Gefühl gewonnenes Spiel gibt? Aber wenn ich andererseits die Personen ausschließe, deren Herz über den Kopf siegt, wen könnte ich dann zu Rate ziehen? Einen Geometer? Pah! Diese Leute haben sich an den Verstand verkauft! Um zu einer Entscheidung zu kommen, müßte man einen Menschen finden, der von der Natur ein gleiches Maß an Verstand und an Gefühl erhalten hätte und bei dem sich im entscheidenden Augenblick diese beiden Fähigkeiten vollkommen im Gleichgewicht befänden... ein Ding der Unmöglichkeit! Es wäre wesentlich leichter, eine Republik ins Gleichgewicht zu bringen. Der einzig berufene Richter wäre derjenige, der weder mit dem einen noch mit dem anderen

etwas

etwas gemein hätte, also ein Mensch ohne Kopf und ohne Herz.«

Diese seltsame Folgerung empörte meinen Verstand; mein Herz seinerseits beteuerte, daran in keiner Weise beteiligt zu sein. Indessen schien es mir eine richtige Überlegung angestellt zu haben, und ich hätte bei dieser Gelegenheit den schlechtesten Eindruck von meinen intellektuellen Fähigkeiten bekommen, wenn mir nicht eingefallen wäre, daß Philosophen ersten Ranges bei hohen metaphysischen Spekulationen, wie die in Frage stehende eine war, häufig durch Schlußfolgerungen zu fürchterlichen Ergebnissen gekommen sind, die das menschliche Glück beeinflußten. Ich tröstete mich also mit dem Gedanken, daß das Ergebnis meiner Spekulationen wenigstens niemandem schadete. Ich ließ die Frage unentschieden und beschloß, für den Rest meines Lebens abwechselnd meinem Kopf und meinem Herzen zu folgen, je nachdem, wer von beiden gerade die Oberhand hätte. Ich glaube tatsächlich, das ist die beste Methode. Sie hat mir allerdings bis zum heutigen Tag nicht viel Erfolg gebracht, sagte ich mir. Das macht nichts, ich gehe den abschüssigen Lebensweg weiter hinab, furcht- und planlos, abwechselnd – und oft gleichzeitig – lachend und weinend oder auch eine alte Melodie vor mich hin pfeifend, um mir die Langeweile zu vertreiben.

vertreiben. Andere Male pflücke ich im Winkel einer Hecke eine Margerite; ich reiße ein Blütenblatt nach dem anderen aus, indem ich sage: »Sie liebt mich, ein wenig, sehr, leidenschaftlich, gar nicht.« Das letzte Blatt führt meistens zu *gar nicht*. In der Tat, Elisa liebt mich nicht mehr.

Während ich mich so beschäftige, zieht die ganze lebende Generation vorbei: ähnlich einer ungeheuren Woge wird sie sich bald mit mir am Ufer der Ewigkeit brechen; und als ob der Sturm des Lebens nicht schon heftig genug wäre, als ob er uns zu langsam an die Grenzen des Daseins triebe, metzeln sich die Nationen in Massen nieder und kommen dem von der Natur gesetzten Ende zuvor. Eroberer, die selbst vom raschen Strudel der Zeit mitgerissen werden, finden Vergnügen daran, Tausende von Menschen zu Boden zu strecken. He, ihr Herren, was denkt ihr euch dabei? Haltet ein!... Diese guten Leute wollen ihren schönen Tod sterben. Seht ihr nicht die Woge, die herannaht? Sie schäumt schon vor den Ufern. Um Himmels willen, haltet ein, nur noch ein Augenblick: und ihr und eure Feinde und ich und die Margeriten, alles wird zu Ende sein! Man kann sich nicht genug wundern über einen solchen Wahnsinn!

Nun denn, soviel steht fest: Fortan werde ich keine Margeriten mehr entblättern.

KAP. XXXI

## KAPITEL XXXI

Nachdem ich mir für die Zukunft mit Hilfe einer lichtvollen Logik, wie man sie in den vorigen Kapiteln gesehen hat, eine kluge Lebensregel zurechtgelegt hatte, blieb mir, im Hinblick auf die Reise, die ich gleich antreten wollte, noch ein sehr wichtiger Punkt zu entscheiden. Es reicht in der Tat nicht, sich in einen Wagen oder auf ein Pferd zu setzen, man muß auch wissen, wohin man reisen will. Ich war so erschöpft von den metaphysischen Problemen, mit denen ich mich gerade beschäftigt hatte, daß ich mich, ehe ich mich für die Region der Erdkugel, der ich den Vorzug geben wollte, entscheiden würde, einige Zeit ausruhen wollte, ohne an etwas zu denken. Auch diese Daseinsart ist meine Erfindung, und sie hat mir oft großen Vorteil eingetragen; aber nicht jedermann versteht sie zu nutzen: denn es fällt zwar leicht, seinen Gedanken Tiefe zu verleihen, indem man sich intensiv mit einem Gegenstand beschäftigt, nicht aber, sie anzuhalten wie das Pendel einer Uhr. Molière hat sehr zu Unrecht einen Menschen lächerlich gemacht, der sich damit vergnügte, Kreise in einem Brunnen zu machen; ich für mein Teil wäre sehr geneigt zu glauben,

glauben, daß dieser Mann ein Philosoph war, der die Fähigkeit besaß, die Tätigkeit seiner Vernunft anzuhalten, um sich auszuruhen, was eine der schwierigsten Handlungen ist, die der menschliche Geist vollbringen kann. Ich weiß, daß Menschen, die diese Fähigkeit besitzen, ohne daß sie sie gewollt hätten, und die in der Regel an gar nichts denken, mich des Diebstahls anklagen und Anspruch auf diese Erfindung erheben werden; aber der Zustand geistigen Stillstands, von dem ich sprechen möchte, ist von ganz anderer Art als der, dessen sie sich erfreuen und dessen Apologet Monsieur Necker[10] ist. Der meine ist immer beabsichtigt und kann nur vorübergehend sein. Um ihn voll und ganz auszukosten, schloß ich die Augen, indem ich mich mit beiden Händen auf den Fensterrand stützte, wie sich ein müder Reiter auf den Sattelknopf stützt, und bald verblaßten die Erinnerung an die Vergangenheit, das Gefühl für die Gegenwart und das Voraussehen der Zukunft in meiner Seele.

Da diese Daseinsform die Überwältigung durch den Schlaf mächtig begünstigt, fühlte ich nach einer halben Minute des Genusses, daß mein Kopf auf die Brust sank: im selben Moment öffnete ich meine Augen, und meine Gedanken nah-

---

[10] *Über das Glück der Dummköpfe*, 1782.

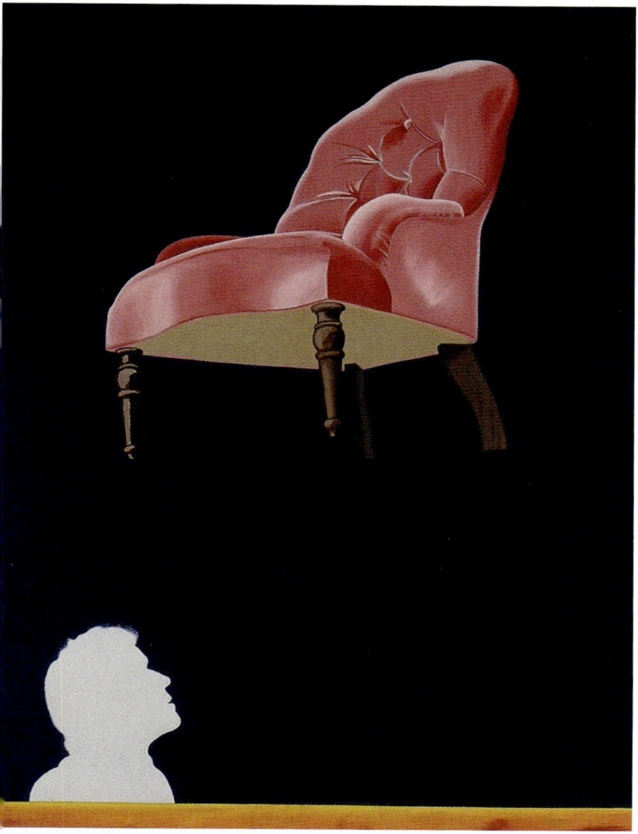

men ihren Lauf wieder auf; ein Umstand, der offensichtlich beweist, daß die Art absichtlicher Lethargie, um die es sich hier handelt, sehr verschieden vom Schlaf ist, denn der Schlaf selbst hatte mich ja geweckt; eine Erscheinung, die bestimmt noch niemand an sich beobachtete.

Als ich meine Blicke zum Himmel wandte, sah ich den Polarstern über dem Dachfirst; das schien mir in dem Moment, in dem ich eine große Reise antreten wollte, ein gutes Vorzeichen zu sein. Während der Ruhepause, die ich gerade eben genossen hatte, hatte meine Phantasie ihre ganze Kraft zurückgewonnen, und mein Herz war bereit, die zartesten Eindrücke aufzunehmen; so sehr kann diese vorübergehende Auslöschung des Denkens seine Energie verstärken! Der untergründige Kummer, den meine unsichere Situation auf dieser Welt mich dumpf empfinden ließ, wurde plötzlich durch ein lebhaftes Gefühl der Hoffnung und des Muts ersetzt; ich fühlte mich imstande, dem Leben und allem Glück oder Unglück, das es mit sich bringen würde, die Stirn zu bieten.

»Strahlender Stern! rief ich in dem köstlichen Taumel, der mich mitriß, unfaßliches Werk des ewigen Gedankens! Du alleine wachst seit dem ersten Tag der Schöpfung unbeweglich in den Himmeln über der einen Hälfte der Erde! Du leitest

leitest die Seefahrer über die Wüste des Ozeans, und ein einziger Blick zu dir hat schon häufig einem vom Sturm bedrohten Matrosen die Hoffnung und das Leben zurückgegeben! Wenn eine klare Nacht es mir erlaubte, habe ich nie versäumt, den Himmel zu betrachten und dich zwischen deinen Gefährten zu suchen, hilf mir, himmlischer Stern! Ach, die Erde läßt mich im Stich: sei heute mein Ratgeber und mein Führer, zeige mir, in welcher Region der Erdkugel ich mich niederlassen soll.«

Während dieser Anrufung schien der Stern heller zu strahlen und sich am Himmel zu freuen, während er mich einlud, mich seinem schützenden Einfluß zu nähern.

Ich glaube nicht an Vorahnungen; aber ich glaube an eine göttliche Vorsehung, welche die Menschen auf unbekannte Weise führt. Jeder Moment unseres Daseins ist ein neuer Schöpfungsakt des allmächtigen Willens. Die flüchtige Ordnung, die die immer neuen Formen und die unerklärlichen Phänomene der Wolken hervorbringt, ist in jedem Augenblick bis hin zum kleinsten Wasserteilchen, das daran beteiligt ist, vorherbestimmt: die Ereignisse unseres Lebens können keine andere Ursache haben, und sie dem Zufall zuzuschreiben, wäre der Gipfel der Dummheit. Ich kann sogar versichern, daß es mir schon passiert ist, daß

daß ich die unsichtbaren Fäden gesehen habe, mit denen die Vorsehung die größten Männer wie Marionetten handeln läßt, während diese sich einbilden, die Welt zu lenken; eine kleine Regung des Stolzes, die durch ihr Herz zieht, genügt, um ganze Armeen ins Verderben zu stürzen und in einer Nation das Unterste zuoberst zu kehren.

Wie dem auch sei, ich glaubte so fest an die Realität der Einladung, die ich vom Polarstern erhalten hatte, daß mein Entschluß, in Richtung Norden zu gehen, auf der Stelle feststand; und obgleich ich in diesen fernen Gegenden keinen bevorzugten Punkt und kein bestimmtes Ziel hatte, verließ ich am nächsten Tag, als ich in Turin aufbrach, die Stadt durch die Porte Palais, die im Norden liegt, in der festen Überzeugung, der Polarstern werde mich nicht im Stich lassen.

## KAPITEL XXXII

So weit war ich mit meiner Reise gekommen, als ich jäh gezwungen wurde, vom Pferd zu steigen. Ich würde diese Begebenheit nicht erwähnen, wenn ich nicht, nachdem ich den ungeheuren Vorzug meiner Reiseart gepriesen habe, glaubte, die Personen, die sie übernehmen wollen,

wollen, von den kleinen Unannehmlichkeiten unterrichten zu müssen, die sie mit sich bringt.

Da Fenster im allgemeinen nicht gerade für die neue Bestimmung, die ich ihnen gegeben habe, erfunden wurden, versäumen die Architekten, die sie machen, ihnen die bequeme, abgerundete Form eines englischen Sattels zu geben. Der kluge Leser wird, wie ich hoffe, ohne weitere Erklärungen den schmerzhaften Grund erraten, der mich zu einem Halt zwang. Ich stieg mit einiger Mühe ab und machte ein paar Runden zu Fuß in meinem Zimmer, um wieder gelenkig zu werden, wobei ich über die Mischung von Leiden und Freuden, mit der das Leben durchsetzt ist, ebenso wie über das Verhängnis, das den Menschen zum Sklaven der unbedeutendsten Umstände macht, nachdachte. Dann beeilte ich mich, ausgerüstet mit einem Eiderdaunenkissen, wieder auf mein Pferd zu steigen, was ich einige Tage früher, aus Angst, von der Kavallerie verspottet zu werden, nicht gewagt hätte; aber nachdem ich tags zuvor an den Toren Turins eine Rotte Kosaken gesehen hatte, die auf ähnlichen Kissen von den Ufern des Asowschen und des Kaspischen Meers gekommen war, glaubte ich, ohne gegen die Gesetze der Reitkunst, die ich sehr achte, zu verstoßen, diesen Brauch übernehmen zu können.

Befreit

Befreit von dem unangenehmen Gefühl, das ich habe erahnen lassen, konnte ich mich ohne weitere Beeinträchtigung meinem Reisevorhaben widmen.

Eine der Schwierigkeiten, die mich besonders quälte, weil sie mein Gewissen betraf, war, herauszubekommen, ob ich gut oder schlecht daran tat, mein Vaterland zu verlassen, das mich mit einer Hälfte selbst schon verlassen hatte.[11] Ein solcher Schritt schien mir zu wichtig, um eine leichtfertige Entscheidung zu treffen. Als ich über das Wort Vaterland nachdachte, bemerkte ich, daß ich keine klare Vorstellung davon hatte. »Mein Vaterland? Was macht das Vaterland aus? Ist es eine Ansammlung von Häusern, Feldern, Flüssen? Das kann ich nicht glauben. Vielleicht ist es meine Familie, sind es meine Freunde, die mein Vaterland ausmachen? Aber sie haben es schon verlassen. Ah, ich weiß es, es ist die Regierung! Aber sie hat gewechselt. Guter Gott, wo also ist mein Vaterland?«

Ich strich mir in einem Zustand unbeschreiblicher Beunruhigung mit der Hand über die Stirn. Die Liebe zum Vaterland ist derartig stark! Das Bedauern, das ich bei dem bloßen Gedanken

---

[11] Der Verfasser diente in Piemont, während Savoyen, wo er geboren ist, mit Frankreich vereinigt wurde.

empfand

empfand, das meine zu verlassen, bewies mir dessen Realität so deutlich, daß ich eher mein ganzes Leben auf dem Pferd sitzen geblieben wäre, als abzusteigen, ohne dieser Schwierigkeit auf den Grund gegangen zu sein.

Ich sah bald, daß die Vaterlandsliebe von mehreren, miteinander verknüpften Elementen abhängt, das heißt, von der langen Gewöhnung, die den Menschen von Kindheit an an andere Menschen, an einen Ort und an eine Regierung bindet. Es ging also nur noch darum, zu untersuchen, wie diese drei Säulen, jede auf ihre Weise, dazu beitragen, das Vaterland zu stützen.

Die Bindung an unsere Landsleute ganz allgemein hängt von der Regierung ab und ist nichts anderes als das Gefühl der Stärke und des Glücks, das sie uns gemeinsam vermittelt; denn die wirkliche Bindung beschränkt sich auf die Familie und eine kleine Zahl von Menschen, die uns unmittelbar umgeben. Alles, was die Gewohnheit oder die Einfachheit, sich zu treffen, behindert, macht die Menschen zu Feinden: eine Gebirgskette trennt die Menschen diesseits und jenseits, und sie lieben sich nicht; die Bewohner des rechten Ufers eines Flusses glauben sich denen des linken Ufers überlegen, und diese machen sich ihrerseits über ihre Nachbarn lustig. Diese Neigung läßt sich selbst noch in den Großstädten, die von einem Fluß geteilt

teilt werden, beobachten, trotz der Brücken, die die Ufer verbinden. Verschiedene Sprachen entfernen die Menschen noch mehr voneinander, auch wenn sie unter derselben Regierung leben. Die Familie schließlich, in der unsere wahren Wurzeln liegen, ist häufig über das Vaterland zerstreut; sie verändert ständig ihre Gestalt und ihre Zahl; außerdem kann sie irgendwo hintransportiert werden. Unsere Vaterlandsliebe wurzelt also weder völlig in der Bindung an unsere Landsleute noch in der an unsere Familie.

Der Ort trägt mindestens ebensoviel zu unserer Bindung an das Land unserer Geburt bei. Zu diesem Thema stellt sich eine interessante Frage: Man hat zu allen Zeiten bemerkt, daß Bergbewohner von allen Völkern am stärksten in ihrem Land verwurzelt sind und daß die Nomadenvölker im allgemeinen weite Ebenen bewohnen. Was mag die Ursache für die unterschiedliche Bindung dieser Völker an ihren Wohnort sein? Wenn ich mich nicht irre, beruht sie darauf: In den Bergen hat das Vaterland ein Gesicht, in den Ebenen hat es keines. Eine Frau ohne Gesicht kann man, trotz all ihrer guten Eigenschaften, nicht lieben. Was bleibt dem Bewohner eines Walddorfs von seinem Heimatort, wenn das Dorf nach dem Durchzug des Feinds niedergebrannt ist und die Bäume abgeholzt sind? Vergeblich sucht der

der Unglückliche am eintönigen Horizont irgendeinen bekannten Gegenstand, der ihm Erinnerungen vermitteln könnte; es gibt keinen. Jeder Punkt des Raums hat für ihn dasselbe Aussehen und dasselbe Interesse. Dieser Mensch wird tatsächlich zum Nomaden, es sei denn, die gewohnte Regierung hält ihn fest; aber es spielt keine Rolle, ob sein Wohnort hier oder dort ist; sein Vaterland ist überall, wo die Regierung ihren Wirkungskreis hat: er wird nur noch ein halbes Vaterland haben. Der Bergbewohner ist mit den Gegenständen, die er von Jugend an vor Augen hat und die sichtbare und unzerstörbare Formen haben, verbunden: von allen Stellen des Tals aus sieht und erkennt er seine Flur an den Abhängen der Berge. Der Lärm des Sturzbachs, der zwischen den Felsen tost, hört nie auf; der Pfad, der ins Dorf führt, macht an einem unverrückbaren Granitblock eine Kehre. Im Traum sieht er die Konturen der Berge, die in sein Herz gemalt sind, so wie man, wenn man sie lange angeschaut hat, die bunten Scheiben von Fenstern immer noch sieht, wenn man die Augen schließt: das in sein Gedächtnis eingezeichnete Bild ist Teil seiner selbst und verschwindet nie. Kurz, die Erinnerungen selbst knüpfen sich an den Ort; aber dieser muß über etwas verfügen, dessen Ursprung im Dunkel liegt und dessen Vergehen man nicht voraussehen kann. Alte
Gebäude

Gebäude und Brücken, alles, was den Charakter von Größe und langer Dauer hat, kann teilweise die Anhänglichkeit an Orte wie das Gebirge ersetzen; aber die Monumente der Natur haben mehr Macht über das Herz. Um Rom einen Namen zu geben, der dieser Monumente würdig wäre, nannten es die stolzen Römer *die Stadt auf den sieben Hügeln*. Eine einmal angenommene Gewohnheit kann nicht aufgegeben werden. Der Bergbewohner paßt sich im reifen Alter nicht mehr an die Lokalitäten einer großen Stadt an, und der Stadtbewohner kann nicht mehr zum Bergbewohner werden. Das ist vielleicht der Grund dafür, daß einer der größten Schriftsteller unserer Tage, der die Wüsten Amerikas genial beschrieben hat, die Alpen kümmerlich und den Montblanc erheblich zu klein fand.

Die Rolle der Regierung ist eindeutig: sie ist die erste Säule des Vaterlands. Sie erzeugt die gegenseitige Bindung der Menschen und verstärkt diejenige, die diese von Natur aus ihrem Aufenthaltsort gegenüber empfinden; sie allein kann die Menschen durch Erinnerungen an Glück oder Ruhm mit dem Boden verbinden, der ihre Geburt gesehen hat.

Wenn die Regierung gut ist, entfaltet das Vaterland seine volle Kraft; wenn sie sittenlos wird, ist das Vaterland krank; wenn sie wechselt, stirbt es.
Dann

Dann gibt es ein neues Vaterland, und jeder hat es in der Hand, ob er es annehmen oder sich ein anderes suchen will.

Als die ganze Bevölkerung Athens die Stadt auf den Rat des Themistokles hin verließ – gaben die Athener da ihr Vaterland auf, oder trugen sie es auf ihren Schiffen mit sich?

Als Coriolan ...

Guter Gott! Auf was für eine Diskussion lasse ich mich ein! Ich vergesse, daß ich auf meinem Fenster im Sattel sitze.

## KAPITEL XXXIII

Ich hatte eine alte, sehr geistreiche Verwandte, deren Unterhaltungen höchst interessant waren; aber ihr Gedächtnis, das gleichzeitig unzuverlässig und erfinderisch war, ließ sie häufig von Episode zu Episode und von Abschweifung zu Abschweifung eilen, so daß sie gezwungen war, ihre Zuhörer um Hilfe zu bitten: »Was wollte ich euch erzählen?« fragte sie, und häufig hatten ihre Zuhörer es ebenfalls vergessen, was die ganze Gesellschaft in eine unaussprechliche Verwirrung stürzte.

Nun, man hat bemerken können, daß mir das gleiche Unglück bei meinen Erzählungen zustößt, und

und ich muß tatsächlich zugeben, daß der Plan und die Ordnung meiner Reise dem Plan und der Ordnung der Unterhaltungen meiner Tante genau nachgebildet sind; aber ich bitte niemanden um Beistand, weil ich gesehen habe, daß mein Gegenstand ganz von selbst und in dem Augenblick, wo ich dies am wenigsten erwarte, wieder auftaucht.

## KAPITEL XXXIV

Die Personen, die mit meiner Abhandlung über das Vaterland nicht einverstanden sind, will ich vorsorglich davon in Kenntnis setzen, daß mich seit einiger Zeit der Schlaf übermannte, trotz der Anstrengungen, die ich unternahm, ihn zu bekämpfen. Deshalb bin ich mir jetzt nicht mehr ganz sicher, ob ich damals nicht tatsächlich schlief und ob die ungewöhnlichen Dinge, die ich gleich erzählen werde, nicht der Ausfluß eines Traums oder einer übernatürlichen Vision waren.

Ich sah eine glänzende Wolke vom Himmel herabschweben, die sich mir nach und nach näherte und eine junge Frau von zweiundzwanzig oder dreiundzwanzig Jahren wie mit einem durchsichtigen

sichtigen Schleier einhüllte. Ich würde vergeblich nach Worten suchen, wenn ich das Gefühl beschreiben wollte, das ihr Anblick in mir auslöste. Ihr Gesicht voller Güte und Wohlwollen hatte den Reiz jugendlicher Illusionen und war sanft wie Zukunftsträume; ihr Blick, ihr friedvolles Lächeln, kurz, alle ihre Züge stellten in meinen Augen das ideale Wesen dar, das mein Herz seit so langer Zeit suchte und das zu treffen ich schon alle Hoffnung aufgegeben hatte.

Während ich die Frau in köstlicher Verzückung betrachtete, sah ich zwischen den Locken ihres schwarzen Haars, das der Nordwind anhob, den Polarstern glänzen, und im selben Augenblick waren tröstliche Worte zu hören. Was sage ich! Worte? Es war die geheimnisvolle Äußerung des himmlischen Gedankens, der die Zukunft vor meiner Vernunft entschleierte, während meine Sinne vom Schlaf gefesselt wurden; es war eine prophetische Botschaft des mir günstigen Sterns, den ich angerufen hatte, und deren Sinn ich in menschliche Worte zu fassen versuche.

»Dein Vertrauen in mich soll nicht enttäuscht werden, sagte eine Stimme, deren Ton dem Klang der äolischen Harfen glich. Sieh, hier ist das Land, das ich dir vorbehalten habe; hier ist das Gut, nach dem die Menschen vergeblich streben, die denken, das Glück sei zu berechnen, und die von der

der Erde verlangen, was man nur vom Himmel erhalten kann.«

Bei diesen Worten zog sich das Gestirn in die Tiefen des Himmels zurück, die luftige Gottheit verlor sich im Dunst des Horizonts; aber während sie sich entfernte, warf sie mir Blicke zu, die mein Herz mit Vertrauen und Hoffnung füllten.

Sogleich spornte ich das Pferd mit aller Kraft an, ich glühte, ihr zu folgen; aber da ich vergessen hatte, die Sporen anzulegen, schlug ich mit der rechten Ferse mit solcher Gewalt gegen die Kante eines Dachziegels, daß mich der Schmerz aus dem Schlaf hochfahren ließ.

## KAPITEL XXXV

Dieser Unfall gereichte dem geologischen Teil meiner Reise sehr zum Vorteil, weil er mir Gelegenheit gab zu erfahren, wie hoch mein Zimmer über den aufgeschwemmten Schichten liegt, die den Grund bilden, auf dem die Stadt Turin erbaut ist.

Mein Herz klopfte heftig, und ich hatte gerade dreieinhalb Schläge seit dem Moment gezählt, in dem ich meinem Pferd die Sporen gab, als ich das Aufschlagen meines Pantoffels hörte, der auf die

die Straße hinuntergefallen war, was, wenn man die Zeit, die schwere Körper zu ihrem beschleunigten Fall brauchen, und diejenige, die die Schallwellen der Luft benötigen, um von der Straße an mein Ohr zu gelangen, zusammenzählt, eine Höhe meines Fensters von 94 Fuß, 3 Zoll und 2 Zehntel Zoll über dem Niveau des Pflasters von Turin ergibt, wenn man voraussetzt, daß mein durch den Traum rascher schlagendes Herz 120 Schläge pro Minute machte, was von der Wahrheit nicht allzuweit entfernt sein kann. Lediglich in diesem wissenschaftlichen Zusammenhang habe ich, nachdem ich von dem interessanten Pantoffel meiner schönen Nachbarin gesprochen habe, gewagt, den meinen zu erwähnen; außerdem will ich vorbeugend bemerken, daß dieses Kapitel wirklich nur für die Gelehrten gedacht ist.

# KAPITEL XXXVI

Die glänzende Vision, die mich soeben beglückt hatte, ließ mich bei meinem Erwachen den ganzen Schrecken der Einsamkeit, in der ich mich befand, noch lebhafter spüren. Ich blickte um mich, und ich sah nichts als Dächer und Schornsteine.

Schornsteine. Ach! In der fünften Etage, zwischen Himmel und Erde schwebend, umgeben von einem Meer des Jammers, der Begierden und der Sorgen, hielt mich nur noch ein schwacher Hoffnungsfunke am Leben: ein abenteuerlicher Halt, dessen Unsicherheit ich schon so oft empfunden habe! Bald kehrte der Zweifel wieder in mein Herz zurück, das noch ganz wund war von den Enttäuschungen des Lebens, und ich glaubte felsenfest, der Polarstern habe sich über mich lustig gemacht. Ein unberechtigtes und selbstverschuldetes Mißtrauen, für das mich der Stern mit einer zehnjährigen Wartezeit bestraft hat! Oh, wenn ich damals hätte voraussehen können, daß alle Versprechungen sich erfüllen würden und daß ich eines Tages auf Erden das angebetete Wesen treffen würde, dessen Bild ich nur im Himmel hatte sehen können! Teure Sophie, wenn ich damals gewußt hätte, daß mein Glück einmal alle meine Hoffnungen übertreffen würde! ...

Aber man soll den Ereignissen nicht vorgreifen: Ich kehre zu meinem Gegenstand zurück, da ich die methodische und ernste Ordnung, der ich mich bei der Abfassung meines Reiseberichts unterworfen habe, nicht aufgeben will.

KAP. XXXVII

## KAPITEL XXXVII

Die Uhr auf dem Kirchturm von Saint-Philippe schlug langsam Mitternacht. Ich zählte einen Glockenschlag nach dem anderen, und der letzte entlockte mir einen Seufzer. »Wieder ein Tag, der sich von meinem Leben gelöst hat, sagte ich mir; und obwohl die abnehmenden Schwingungen des ehernen Klangs noch immer in meinem Ohr zittern, ist der Teil meiner Reise, der der Mitternacht vorausging, schon ebensoweit von mir entfernt wie die Reise Odysseus' oder Jasons. In diesem Abgrund der Vergangenheit haben Augenblicke und Jahrhunderte dieselbe Dauer; und die Zukunft? Hat sie mehr Wirklichkeit?« Ich befinde mich zwischen zwei Nichtsen im Gleichgewicht, wie auf der Schneide einer Klinge. In Wahrheit scheint mir die Zeit etwas so Unbegreifliches zu sein, daß ich versucht bin zu glauben, sie existiere eigentlich gar nicht, und das, was man so nenne, sei nichts anderes als eine Bestrafung des Denkens.

Ich war froh, diese Definition der Zeit gefunden zu haben, die ebenso dunkel war wie die Zeit selbst, da schlug eine andere Uhr Mitternacht, was mir ein unangenehmes Gefühl verursachte. Es

Es bleibt immer eine Mißstimmung in mir zurück, wenn ich mich umsonst mit einem unlösbaren Problem beschäftigt habe, und ich fand dieses zweite Signal der Glocke sehr unpassend für einen Philosophen wie mich. Als ich dann einige Minuten später von ferne eine dritte Glocke, die des Kapuzinerklosters, das auf der anderen Seite des Po liegt, wie aus Bosheit noch einmal Mitternacht schlagen hörte, verspürte ich entschieden einen echten Zorn.

Wenn meine Tante ihre etwas unwirsche alte Kammerfrau rief, die sie im übrigen sehr schätzte, beschränkte sie sich in ihrer Ungeduld nicht darauf, einmal zu läuten, sondern zog unablässig an der Klingelschnur, bis die Dienerin erschien. »Kommen Sie endlich, Mademoiselle Branchet!« Und diese, ärgerlich darüber, daß sie sich so gedrängt sah, kam ganz langsam heran und antwortete sehr verdrossen, ehe sie den Salon betrat: »Man kommt schon, Madame, man kommt schon!«

Dieser Art war der Mißmut, den ich empfand, als ich die indiskrete Glocke der Kapuziner zum drittenmal Mitternacht schlagen hörte. »Ich weiß es, rief ich aus, indem ich meine Hände in Richtung der Glocke ausstreckte; ja, ich weiß es, ich weiß, daß es Mitternacht ist, ich weiß es nur zu gut.«

Zweifellos

Zweifellos hat ein böser Geist durch seinen hinterlistigen Rat die Menschen dazu veranlaßt, diese Stunde dazu zu bestimmen, ihre Tage zu teilen. Eingeschlossen in ihre Behausungen schlafen sie oder amüsieren sich, während diese ein Stück Faden von ihrem Leben abschneidet: am anderen Morgen stehen sie fröhlich auf, ohne sich im geringsten bewußt zu sein, daß sie einen Tag älter geworden sind. Vergeblich verkündet ihnen die prophetische Stimme des Erzes das Herannahen der Ewigkeit, vergeblich wiederholt sie ihnen traurig jede Stunde, die verflossen ist; sie hören nichts, oder wenn sie etwas hören, verstehen sie es nicht. O Mitternacht!... entsetzliche Stunde!...

Ich bin nicht abergläubisch, aber diese Stunde flößt mir immer ein gewisses Grauen ein, und ich ahne, daß es, falls ich einmal sterben sollte, um Mitternacht sein wird. Ich werde also eines Tages sterben! Wie? Ich werde sterben, ich, der spricht, ich, der sich fühlt und berührt, ich könnte sterben? Es bereitet mir einige Mühe, das zu glauben: denn schließlich ist nichts natürlicher, als daß die anderen sterben: man sieht es alle Tage: man sieht sie dahingehen, und man gewöhnt sich daran; aber selbst sterben? Persönlich sterben? Das ist ein ziemlich starkes Stück. Und ihr, meine Herren, ihr, die ihr diese Überlegungen für Galimathias haltet,

haltet, wißt, daß die ganze Welt so denkt und ihr selbst ebenfalls. Niemand denkt, daß er sterben muß. Wenn es eine unsterbliche Menschenrasse gäbe, würde sie der Gedanke an den Tod mehr erschrecken als uns.

Darin liegt etwas, das mir unerklärlich ist. Wie kommt es, daß die Menschen, die sich unablässig von der Hoffnung und von den Trugbildern der Zukunft leiten lassen, so wenig von dem beunruhigt werden, was ihnen diese Zukunft sicher und unausweichlich bringen wird? Hat uns etwa die wohltätige Natur selbst diese glückliche Sorglosigkeit geschenkt, damit wir unser Schicksal in Ruhe erfüllen können? Ich glaube wirklich, daß man ein sehr ehrenhafter Mann sein kann, ohne den tatsächlichen Übeln des Lebens mit der Geisteshaltung zu begegnen, die zu trüben Überlegungen führt, und ohne die Phantasie mit finsteren Phantomen zu verwirren. Kurz, ich denke, man muß sich jedesmal, wenn sich die unschuldige Gelegenheit dazu bietet, herausnehmen zu lachen oder zumindest zu lächeln.

So endet die Betrachtung, zu der mich die Kirchturmuhr von Saint-Philippe angeregt hat. Ich hätte sie noch fortgeführt, wenn mir nicht einige Bedenken gekommen wären wegen der strengen moralischen Grundsätze, die ich soeben vertreten habe. Aber da ich diese Bedenken nicht ausloten

ausloten wollte, pfiff ich die Melodie der *Folies d'Espagne* vor mich hin, die die merkwürdige Eigenschaft hat, meine Gedanken in eine andere Richtung zu lenken, wenn sie sich auf Abwegen befinden. Die Wirkung war so prompt, daß ich auf der Stelle meinen Spazierritt beendete.

## KAPITEL XXXVIII

Ehe ich in mein Zimmer zurückkehrte, warf ich einen Blick auf die Stadt und das dunkle Land um Turin, die ich bald, vielleicht für immer, verlassen würde, und sandte ihnen meine letzten Grüße. Noch nie war mir die Nacht so schön erschienen, noch nie hatte mich das Schauspiel, das ich zu meinen Füßen sah, so lebhaft gefesselt. Nachdem ich den Berg und den Tempel der Superga gegrüßt hatte, verabschiedete ich mich von den Türmen und den Glocken und von allen bekannten Dingen – ich hätte niemals geglaubt, daß ich die Trennung so heftig bedauern könnte – und von der Luft und vom Himmel und vom Fluß, dessen dumpfes Murmeln meinem Abschiedsgruß zu antworten schien. Oh, wenn ich das sanfte und gleichzeitig grausame Gefühl, das mein Herz erfüllt, beschreiben könnte und alle

alle Erinnerungen der schönsten Hälfte meines verflossenen Lebens, die sich wie Kobolde um mich herumdrängen, um mich in Turin zurückzuhalten! Aber ach, die Erinnerungen an das vergangene Glück sind die Runzeln der Seele! Wenn man unglücklich ist, muß man sie aus seinen Gedanken verjagen, wie spottlustige Gespenster, die nahen, um unsere gegenwärtige Lage zu verhöhnen: Es ist dann tausendmal besser, sich den trügerischen Illusionen der Hoffnung zu überlassen, und man sollte vor allem gute Miene zum bösen Spiel machen und sich hüten, jemanden in sein Unglück einzuweihen. Während der gewöhnlichen Reisen, die ich unter den Menschen gemacht habe, habe ich bemerkt, daß man dadurch, daß man unglücklich wirkt, schließlich lächerlich wird. In solchen entsetzlichen Momenten ist nichts dienlicher als die neue Reiseart, deren Beschreibung hier zu lesen war. Ich machte dabei eine entscheidende Erfahrung: Es gelang mir nicht nur, die Vergangenheit zu vergessen, sondern auch tapfer und mit Entschlossenheit meine gegenwärtigen Leiden zu ertragen. »Die Zeit wird sie wegnehmen, sagte ich mir, um mich zu trösten; sie nimmt alles mit und vergißt nichts beim Vorübergehen; und sei es, daß wir sie anhalten wollen, oder sei es, daß wir ihr, wie man sagt, mit der Schulter einen Stoß geben wollen, unsere

unsere Anstrengungen sind in jedem Fall vergeblich und ändern nichts an ihrem gleichmäßigen Lauf.«

Obwohl ich mir im allgemeinen sehr wenig Sorgen mache über ihre Schnelligkeit, gibt es doch diese oder jene Umstände und Gedankengänge, die mich auf unübersehbare Weise daran erinnern. Wenn die Menschen schweigen, wenn der Dämon des Lärms mitten in seinem Tempel, mitten in einer schlafenden Stadt, verstummt, dann erhebt die Zeit ihre Stimme und läßt sich in meiner Seele hören. Die Stille und die Dunkelheit werden ihr Sprachrohr und offenbaren mir ihren geheimnisvollen Lauf; sie ist nicht mehr ein Geschöpf des Verstandes, das nur mein Denken erfassen kann, selbst meine Sinne erkennen sie. Ich sehe sie am Himmel, der die Sterne vor sich her nach Westen jagt. Sie treibt die Flüsse ins Meer und wälzt sich mit den Nebelschwaden an den Hügeln entlang... Ich lausche: die Winde stöhnen unter der Anstrengung ihrer raschen Flügel, und die Glocke in der Ferne zittert bei ihrem schrecklichen Vorüberziehen.

»Laßt uns ihren Lauf nutzen, rief ich aus. Ich möchte die Augenblicke sinnvoll gebrauchen, die sie mir wegnehmen wird.«

Da ich diesen guten Entschluß augenblicklich in die Tat umsetzen wollte, beugte ich mich vor,
um

um mich mutig in die Rennbahn zu stürzen, wobei ich mit der Zunge ein gewisses Schnalzen erzeugte, das von alters her dazu bestimmt ist, die Pferde anzufeuern, das man jedoch unmöglich nach den Regeln der Orthographie schreiben kann:

gh! gh! gh!,

und ich beendete meinen Ausritt mit einem Galopp.


## KAPITEL XXXIX

Ich hob mein rechtes Bein, um abzusteigen, als ich einen ziemlich heftigen Schlag auf der Schulter spürte. Zu behaupten, ich wäre nicht erschrocken gewesen über dieses Ereignis, würde die Wahrheit Lügen strafen; und hier ist die Gelegenheit, dem Leser vor Augen zu halten und ihm, ohne zu große Eitelkeit, zu beweisen, wie schwer es für jeden anderen als mich gewesen wäre, eine solche Reise durchzuführen. Selbst wenn man voraussetzte, daß der neue Reisende über tausendmal mehr Mittel und Talente zur Beobachtung verfügt, als ich haben konnte, würde er sich kaum schmeicheln können, so außergewöhnliche und so zahlreiche Abenteuer zu erleben,

erleben, wie diejenigen, die mir innerhalb von vier Stunden im Raum zugestoßen sind und die offensichtlich zu meinem Schicksal gehören. Wenn jemand daran zweifelt, soll er versuchen zu erraten, wer mich gestoßen hat!

Im ersten Moment der Aufregung dachte ich nicht an die Situation, in der ich mich befand, und glaubte, mein Pferd habe ausgeschlagen oder es habe mich gegen einen Baum gedrückt. Gott weiß, wie viele unheilvolle Gedanken sich während des kurzen Zeitraums einstellten, den ich brauchte, um den Kopf umzuwenden und mein Zimmer zu betrachten. Da sah ich, wie es häufig bei Dingen, die besonders außergewöhnlich scheinen, ist, daß die Ursache für meine Überraschung ganz natürlicher Art war. Derselbe Windstoß, der am Anfang meiner Reise mein Fenster geöffnet und im Vorüberziehen meine Tür geschlossen hatte und dessen einer Teil zwischen die Vorhänge meines Betts geschlüpft war, kehrte nun mit Getöse zurück: Er öffnete jählings die Tür und wehte durch das Fenster hinaus, indem er die Scheibe gegen meine Schulter stieß, was mir zu der Überraschung verhalf, von der ich sprach.

Man wird sich erinnern, daß ich auf die Einladung hin, die mir dieser Windstoß brachte, mein Bett verließ. Der Schlag, den ich gerade erhalten hatte, war offensichtlich eine Einladung, dorthin zurückzukehren,

zurückzukehren, der ich mich glaubte fügen zu sollen.

Es ist zweifellos schön, sich in einer so vertrauten Beziehung mit der Nacht, dem Himmel und den Gestirnen zu befinden und zu wissen, wie man ihren Einfluß nutzt. Ach, die Beziehungen, die man gezwungenermaßen mit den Menschen unterhält, sind wesentlich gefährlicher! Wie viele Male war ich nicht schon das Opfer des Vertrauens, das ich in diese Herren setzte! Hierüber sagte ich sogar etwas in einer Anmerkung, die ich jedoch gestrichen habe, weil sie länger war als der ganze Text, was die richtigen Proportionen meiner Reise gesprengt hätte, deren geringer Umfang ihr größtes Verdienst ist.

*Ende der nächtlichen Expedition*

# ANMERKUNGEN

*(Die Anmerkungen im Text
sind von de Maistre)*

*Albert:* »die Pistolen von Albert«: Der Stich stellt eine Szene aus Goethes *Werther* dar.

*Apelles:* Apelles von Kolophon war zur Zeit Alexanders des Großen ein gefeierter Maler in Griechenland. Bilder von ihm sind nicht erhalten.

*Athalie:* Titelfigur einer Tragödie Racines.

*Beccaria:* Ciacomo Battista Beccaria (1716–1781), ital. Ordensgeistlicher und Professor für Physik an der Universität von Turin; er unternahm in den sechziger Jahren des 18. Jhs. Gradmessungen.

*Bourgeois Gentilhomme:* Anspielung auf die Szene in Molières gleichnamigem Stück (III,3), in der Monsieur Jourdan seiner Dienerin Nicole das Fechten zeigen will.

*Buffon:* Georges Louis Leclerc, Comte de B. (1707–1788), frz. Naturforscher und Schriftsteller.

*Caraco:* alte Bezeichnung für ein Korsett.

*Chambéry:* die Geburtsstadt de Maistres.

*Clarissa:* Titelheldin eines der berühmtesten Romane Richardsons (1749).

*Cleveland:* Figur aus dem Roman des Abbé Prévost *Der englische Philosoph, oder Geschichte des Herrn Cleveland, des natürlichen Sohns des Cromwells.*

*d'Assas:* Louis d'Assas (1733–1760) geriet im Kampf in einen Hinterhalt und opferte sein Leben für die Armee.

*Der Blinde von Albion:* der erblindete Milton, der Verfasser des Epos *Das verlorene Paradies*.

*Einer der größten Schriftsteller unserer Tage:* gemeint ist Chateaubriand (1768–1848).

*Gall:* Franz Joseph G. (1758–1828), dt. Mediziner, Begründer der Schädellehre.

*Grab des Empedokles:* der Ätna.

*Harvey:* William Harvey (1578–1658), *De motu cordis et sanguinis*, 1628.

*Jocrisse:* lustige Figur der frz. Straßenkomödie.

*Le Brun:* vermutlich Ponce Denis Écouchard Lebrun (1729–1807), genannt Lebrun-Pindare, zu seiner Zeit berühmter frz. Dichter.

*Lotte:* Anspielung auf eine Szene aus Goethes *Werther* (siehe *Albert*).

*Martinismus:* eine von dem frz. Theosophen Louis Claude Saint-Martin (1743–1803) verbreitete Lehre.

*Neffen:* Anspielung auf Diderots Schrift *Rameaus Neffe* und den darin ausgetragenen »Bouffonistenstreit«.

*Obermediziner:* im Frz. steht *proto-médecin*, und de Maistre macht eine Anmerkung: »ein bekannter Titel in der Gesetzgebung des Königs von Sardinien, der hier eine rein lokale scherzhafte Anspielung ist.«

*Onkel Tobie:* Figur aus Tristram Shandy von Sterne.

*Quiproquo:* lat., Versehen, Irrtum.

*Scapin:* Figur der ital. Komödie, von Molière in seiner

Farce *Les fourberies de Scapin/Scapins Schelmenstreiche* in die frz. Komödie eingeführt.

*Spallanzani:* Lazzaro Spallanzani (1729–1799), *Opusculi di fisica animale e vegetabile*, 1780.

*Ugolino:* Diese Szene gab zu zahlreichen Darstellungen Anlaß, so schildert sie etwa Dante in der *Göttlichen Komödie* im 33. Kapitel der *Hölle*.

*Versammlung der Notabeln:* die in der Finanzkrise von 1787 vom König einberufene Notabelnversammlung.

XAVIER DE MAISTRE wurde 1763 in Chambéry, der Hauptstadt des damaligen Herzogtums Savoyen, das zum Königreich Sardinien gehörte, geboren. Er entstammte einer der berühmten Adelsfamilien des Landes. 1781 trat er in die sardinische Armee ein. 1789 oder 1790 wurde er wegen eines Duells zu einem sechswöchigen Stubenarrest gezwungen, dem sich seine *Reise um mein Zimmer* verdankt. Sein älterer Bruder, der Staatsphilosoph Joseph de Maistre, wie Xavier ein Gegner der französischen Revolution, sorgte 1794 für die anonyme Veröffentlichung des Werks. Als Savoyen 1792 von den Revolutionstruppen besetzt und 1796 endgültig Frankreich zugeschlagen wurde, zog sich Xavier de Maistre nach Aosta zurück. 1798/99 verfaßte er, angeregt durch den großen Erfolg seines ersten Werks die *Nächtliche Expedition um mein Zimmer*, die jedoch erst 1825 publiziert wurde. 1799 kämpfte er unter Suwarow im russischen Expeditionscorps in Italien gegen die französischen Truppen. Im Gefolge Suwarows, der, inzwischen in Ungnade gefallen, nach St. Petersburg zurückkehrte, lebte Xavier de Maistre von nun an in dieser Stadt, wo er einige Jahre, wahrscheinlich durch Vermittlung seines Bruders Joseph, der sardinischer Gesandter in St. Petersburg war, die Stelle eines Museums- und Bibliotheksdirektors der Admiralität bekleidete. Später nahm er an Feldzügen u. a. im Kaukasus und an den

Befreiungskriegen gegen Napoleon teil. 1817 schied er im Rang eines Generalmajors aus der russischen Armee aus. 1825 kehrte er in seine Heimat zurück und lebte einige Jahre in Italien, ehe er das erste Mal Paris betrat. Von da an lebte er abwechselnd dort und in Sankt Petersburg. Die letzten Jahre vor seinem Tod im Jahr 1852 verbrachte er ganz in St. Petersburg. – Sein schriftstellerisches Werk ist schmal. Neben den beiden Zimmer-Reiseberichten erschienen die Erzählungen *Le Lépreux de la Cité d'Aoste* (Der Aussätzige von Aosta), 1812, *Les Prisonniers du Caucase* (Die Gefangenen im Kaukasus), 1815 und *La jeune Sibérienne* (Die junge Sibirin), 1815.

C.V.

ANDY WILDI wurde 1949 in Baden (Schweiz) geboren. Seit 1984 lebt und arbeitet er in Novaggio im Tessin. Seine Werke sind unter *www.casatiramisu.ch* zu finden.